Hoggaanka & Haweenka

Hoggaanka & Haweenka

CABDULQAADIR CABDULLE DIINI

Diini Publications & Looh Press | 2021

LOOH PRESS LTD.

First Edition, July 2021

First Edition 2013
"Hoggaanka & Haweenka"
Dār al-'ilmī
Cairo, Egypt

Daabacadda 1aad 2013
"Hoggaanka & Haweenka"
Daar al-Cilmi
Qaahira, Masar

Second Edition 2021
"Hoggaanka & Haweenka"
Looh Press Ltd.
Leicester, England, UK

Daabacadda 2aad 2021
"Hoggaanka & Haweenka"
Looh Press Ltd.
Lester, Ingiriiska, UK

Diini Publications in Partnership with:

Distributed by Looh Press
56 Lethbridge Close,
Leicester, LE1 2EB
United Kingdom
www.LoohPress.com
admin@LoohPress.com

Waxaa Faafisay Looh Press.
56 Lethbridge Close,
Leicester, LE1 2EB
United Kingdom
www.LoohPress.com
admin@LoohPress.com

Printed & bounded by:
Waxaa Daabacay: TJ Books. Cornwall, England.

ISBN: 978-1-912411-27-6

TUSMO

HORDHAC 1

QAYBTA KOOWAAD:
HAWEENEYDA ISLAAMKA KA HOR 12

Giriiggii Hore 15
Roomaankii Hore.. 17
Hindidii Hore 18
Shiinihii Hore.. 20
Beershiya (Faaris)... 22
Yuhuudda 23
Kiristaanka 24
Carabtii Hore... 27

QAYBTA LABAAD:
SOOMAALIDA IYO HAWEENKA 32

Noloshii Gabadha Gumeysiga Iyo Dawlidnimada Ka Hor 32
Xilligii Gumeysiga Iyo Dawladnimada Ka Dambeeyey 37

QAYBTA SADDEXAAD:
XUQUUQDA ISLAAMKU SIIYEY HAWEENEYDA 46

Xaqeeda qof ahaaneed 49
Xaqeeda korin iyo barbaarineed 54
Xaqeeda guurka 55
Xaqeeda waxbarasho 58
Xaqeeda shaqo 59
Xaqeeda dhaxalka iyo maalka 61
Xaqeeda arrimaha bulshada 62

QAYBTA AFARAAD:
WAAJIBAADKA GABADHA MUSLIMADDA AH 68

Waajibaadka diineed 68
Waajibaadka reer ahaaneed 70
Waajibaadka waalidka ka saaran. 73

QAYBTA SHANAAD:
MUUQAALKA BEENTA AH EE LAGA BIXIYO ISLAAMKA 76

Kacdoonkii Dumarka 80

QAYBTA LIXAAD:
WAXYAABAHA GALBEEDKU ISLAAMKA KU DURAAN...98

Guurka jujuubka ah 99
Dilka Sharaf-dhowrka 100
Guurka Badan 101
Dhaxalka 106
Magta 110
Markhaatiga 111
Furitaanka 113

QAYBTA LIXAAD:
KALA DUWANAANTA RAGGA IYO DUMARKA 118

Kala duwanaanta jir ahaaneed 119
Qaab-dhismeedka maskaxda 121
Dareenka iyo doonidda hawl-qabadka 127
Kal duwanaanta hawsha waalidnimada 129
Kala duwanaanta maqalka iyo hadalka 131
La falgelidda xaaladaha adag 134
Hawl-maskaxeedka iyo agaasimidda hawsha 137
Kala duwanaanta xilliga carruurnimada 142
Kala duwanaanta dhanka waxbarashada 145
Kala duwanaanta dhanka hoggaaminta 147
Kala duwanaanta dhanka caafimaadka 150

QAYBTA TODDOBAAD:
HOGGAAMINTA IYO MADAXTINNIMADA 154

HOGGAANKA IYO HAWEENKA 159

Haweeneydu Qaalli, Wasiir Iyo Xildhibaan Ma Noqon Kartaa? 167
Qaalli 169
Wasiir 174
Xildhibaan 175
Culimada xilligan iyo ka qaybgalka haweeneyda shaqada iyo siyaasadda 178

GUNAANAD 189

TIXRAAC 199

SOO SAARIDDII LABAAD

SOO SAARIDDAN labaad ee buugga waxaa loogu talagalay in sixitaan lagu sameeyo wixii khalad ahaa ee ku soo baxay soo saariddii ama daabacaddii hore. Dib u sax ayaa lagu sameeyey wixii khalad ahaa ee ku soo baxay sida xaraf-gef, meelaha qaar dib-u-habeyn lagu sameeyey, waxyaabo laga tagey oo lagu daray. Sixitaankaa ka sokow, meelaha qaar waxbaa lagu kordhiyey aan sidaa u badneyn, meelaha qaarna faahfaahin kooban ayaa lagu daray. Inkastoo dad badan oo buugga akhriyey ay codsadeen in qaybo buugga ka mid ah la sii faahfaahiyo, haddana ma suurtagelin in codsiyadaas sidii uu ahaa loo wada fuliyo. Waxaan rajeynayaa in qormadan koobani mawduuca ay ka hadleyso ay bulshada xog kooban oo ku filan ay ka siin doonto.

Waxaan rabaa inaan halkan uga mahadceliyo Looh Press oo qayb libaax ka qaadatay soo saaridda iyo hagaajinta daabacaddan labaad.

HORDHAC

MAHAD OO dhan ALLAAH ayey u sugnaatay, Allahii karaameeyey banii'aadamka, kana dhigay labo jaad, lab iyo dheddig, mid walbana ku abuuray kalgacal uu midka kale u qabo. Labada jaad u doortay inay dunida maamulaan, mid kastana u yeelay hawl iyo xil saaran iyo xuquuq iyo xaqdhowr uu xilkaa la saaray ku yeelanayo. Allihii hooyada ka dhigay tiir-dhexaadka uu gurigu ku taagan yahay, la'aanteedna aanu reerku dhisnaan karin. Nabadgelyo iyo naxariisi korkiisa ha ahaato sayidkii basharka, kaasoo la dagaallamay, baabi'iyeyna dhaqammadii jaahiliga ahaa ee hoos u dhigayey qiimaha haweenka. Rasuulku (ﷺ), wuxuu caddeeyey xaqa hooyada, wuxuuna ka saramariyey midka aabbaha. Arrinkaa xadiiskan soo socda ayuu ku caddeeyey.

"عن بهز بن حكيم، عن أبيه عن جده، قلت: يا رسول الله! من أبر؟

قال: «أمك» قلت: من أبر؟ قال: «أمك» قلت: من أبر؟ قال: «أمك»

قلت: من أبر؟ قال: «أباك، ثم الأقرب، فالأقرب"

*Saxaabigaa ayaa Nabiga, (ﷺ) wuxuu weydiiyey, "**Rasuulkii Ilaahayoow, dadka yaa iigu dhow u sama-falidda, wuxuuna ugu jawaabey hooyada. Haddana wuxuu weyddiiyey cidda ku xigta, mar labaad ayuu yiri, hooyada. Mar saddexaad ayuu weydiiyey, wuxuuna ku celiyey hooyada. Markii afraad ayuu yiri, aabbaha kaddibna cidba cidday kuu xigto.**"*[1]

Marka dib loo jalleeco sooyaalka iyo dhigaallada laga sameeyey dumarka wixii Islaamka ka horreeyey, waxay muujinayaan inay soo mareen heerar kala duwan haddii ay noqon laheyd dhanka nolosha, halka ay ka joogto bulshada, dhanka xuquuqda iyo wixii la mid ah. Waxay soo martay haweeneydu xilli wax tixgelin iyo xuquuq ah aanay haysan. Xilli loola dhaqmi jirey si xun oo aanay ku bedbaadin hooyannimo, walaalnimo iyo xaasnimo. Waqti loola dhaqmi jirey qaab aan waxba doorin sida addoommada loola dhaqmo. Ilbaxnimooyinkii iyo bulshooyinkii dunida soo maray, sida Giriigga, Roomaanka, Beershiya, Carabtii hore iyo kuwii diimaha ku abtirsanayey ee Kiristanka iyo Yuhuudda waxay dumarka gaarsiiyeen meel aan waxba dhaamin booska xayawaanka la dhaqdo joogo. Qaarkood sidii badeecadii ayey iibiyeen, qaarkoodna iyagoo nool ayey dab ku rideen ama aaseen. Hagardaamooyinkaa dumarka lagu hayey waxaa ka dhashay gadoon iyo kacdoon looga dhiiddhinayo dhibaatooyinkaa dumarka haystey. Waxaa dunida ka bilowdey, gaar ahaan Yurub kacdoon hal-ku-dhiggiisu ahaa xoreynta iyo raadinta xuquuqda haweenka. dhaqdhaqaaqa waxaa gundhig u ahaa sidii loo raadin lahaa xuquuqda haweenka ee dhanka waxbarashada, nolosha, sidii ay dumarku doorashooyinka uga qayb qaadan lahaayeen oo codkooda u dhiiban lahaayeen iyo wixii la mid ah. Kacdoonkaa oo heerar kala duwan soo maray, laba-kacleyn badan ayuu sameeyey, xilliyadanna waxay mareysaa

1 Saxiixul Adabul Mufrad, juska 1, safxada 3

inay soo baxaan dumar xagjir ah oo dhaafay inay xuquuq raadiyaan, una rogey kacdoonkii mid dhaliya hardan iyo loollan ka dhexeeya labada jaad ee ragga iyo dumarka, una muuqda inay raadinayaan xuquuq dheeraad ka ah middii ay lahaayeen.

Gabadha Soomaaliyeed wax badan ayey kaga fiicneyd qolooyinkaa ilbaxnimada sheegtay, waxaase jira dhibaatooyin bulshada dhaqankeeda ka dhex muuqda oo in la turxaan bixiyo u baahan. Islaamku wuxuu dabargooyey dhaqammadii xumaa ee dumarku lagula kici jirey. Sida raggaba, wuxuu siiyey xuquuq, wuxuuna saaray waajibaad. Wuxuu Islaamku caddeeyey kaalinta ay bulshada ku leedahay, sidii loo dhawri lahaa milgadeeda iyo booska ay bulshada ka joogto, ciqaabta iyo ganaaxa uu mudan yahay qofkii xuquuqdeeda ku xadgudba.

Kacdoonkii haweenka ee Galbeedka ka bilowdey waxay dagaal qaawan ku qaadeen diimaha. Diinta Islaamku kuma nabadgelin hagaajintii iyo horumarkii ay ku sameysay noloshii iyo xuquuqdii haweenka. Kacdoonkaa isagoo udbihiisii wata ayuu u soo tallaabay dunidii Muslimka isagoo hal-ku-dhiggiisa iyo dooddiisu ahaayeen in diimaha lala daggaallamo, maxaa yeelay diimuhu dumarka ayey liidaan, wax xuquuq ahna uma oggola. Waajibaadkii Islaamku dumarka saarey waxay ka dhigeen oo u miijiyeen inuu yahay mid dumarka lagu liidayo oo dibdhac ah. Diinta Islaamka waxay la simeen Kiristankii ku tuntay xuquuqda haweenka. Waxay weerar ku qaadeen qoyskii, xijaabkii iyo dhawrsanaantii gabadha muslimadda ah. Kacdoonkaasu intaa kuma ekaane, wuxuu jidka u xaaray kacdoonno kale oo iyaguna ku doodaya inay xuquuqdoodii baadigoobayaan. Kooxahaa soo baxay waxaa ka mid ah Calmaaniyadda, Diinlaawannimada, Jinsigudka iyo wixii la mid ah. Dhammaantood waxay isu gaashaanbuureysteen sidii ay diimaha ula dagaallami lahaayeen. Waxay bilaabeen inay diimaha, gaar ahaan Islaamka, ka faafiyaan hadallo been ah sida in Islaamku dumarka liido, inaanay oggoleyn sinnaanta ragga iyo dumarka, inaanay haweeneydu xor u aheyn jirkeeda iyo maalkeeda, iwm.

Doodahaas iyo qayladhaantaa ku saabsan xuquuqda haweenka ama xuquuqda dadka laga tirada badan yahay, waxay keentay in baaritaan lagu sameeyo loona kuurgalo dooddaa taagan iyo meesha ay salka ku hayso. Cilmibaaristii la sameeyey waxaa ka mid ahaa in la isku dayo in la ogaado inay jirto kala duwanaan u dhaxeysa labada jaad ee ragga iyo dumarka abuur ahaan. Cilmibaaris ay sameeyeen culimada saynisku waxay caddeeyeen inay jirto kala duwanaan, taas oo ah dhanka jirka, maskaxda, dareenka, sida wax loo kala agaasimo, dhanka aragtida, dhanka xiisaha iyo dookha iyo wixii la mid ah.

Caddeymahaa cilmiga Sayniska lagu ogaadey waxaa aad uga horyimid oo dood adag ka keenay dumarkii xagjirka ahaa, culays badanna saaray sidii aqoonbaaristaa loo horjoogsan lahaa, culimadii arrinkaa sheegayna ku eedeeyey inay yihiin kuwo ay weli maskaxdooda ka guuxayso kala saramarintii labada jaad. Mar kasta oo la isku dayo in laga horyimaado caddeymaha muujinaya kala duwanaanta ragga dumarka, waxay dunidu sii galeysaa ciriiri iyo inay dhunto kalsoonida lagu qabo caddeymaha cilmibaarista dhabta ah lagu gaaro. Waxa kale oo ay keentay inaan loo helin xal waara dhibaatooyinka ka dhasha ee ay keenaan diidmada iyo u haggaansan la'aanta kala duwanaanta labada jaad ay ku kala duwan yihiin meelaha qaar ee uu cilmigu caddeeyey. Is diidsiintaasu waxay sii hurisay dhibkii jirey, waxayna hor istaagtay in laga baaraandego dhibaatooyinka jira, ka dibna loo helo daawadii ku habbooneyd. Amaba in dhibkii jirey mid kale looga hortago ama xal aanay laheyn daawo looga dhigo oo ay la mid noqoto halqabsigii ahaa in cudurka laga helay fardaha haddii laga gubo dameer aan daawo la gaareyn. Tusaale taa la mid ah waxaan u soo qaadan karnaa dhacdo foolxun oo ka dhacday magaalada London markii nin boolis ah uu afduubay haweeney, ka dibna uu si xun u dilay. Waxaa raqdeeda la helay 03/03/21. Dumar ay ka mid yihiin kuwo ku jira labada aqal ee Ingiriiska ayaa soo jeedisey in ragga bandow lagu soo rogo laga bilaabo 6-da maqribnimo si dumarku u nabadgalaan xilliga habeenka.[2] Halkii dhacdada iyo danbiga la abbaari lahaa, xal u qalmana looga soo saari lahaa, ayaa arrinkii loo geddiyey dagaal u dhexeeya ragga iyo dumarka.

Si loo helo nolol isku dheellitiran, Islaamku wuxuu tixgeliyey waxa bulshada wanaaggu ugu jiro. Bulshada waxaa saldhig u ah reerka oo ka kooban hooyada, aabbaha iyo carruurta. Reerka ayuu Islaamku ka soo bilaabay nidaaminka, kala dambeynta iyo in qof walba loo caddeeyo waxa laga rabo ee saaran iyo waxa uu leeyahay. Sidoo kale, Islaamku wuxuu si cad u qeexay xuquuqda qof walba kan kale ku leeyahay iyo sida ugu habboon oo uu uga soo bixi karo. Dhanka kale, mar haddii ragga iyo dumarku ay abuur ahaan meelaha qaar ku kala duwan yihiin, mid walba waxaa loo asteeyey shaqadii abuurkiisa ku habbooneyd. Sidaa darteed, ayaa shaqooyinka qaar dumarka la doorbiday inay qabtaan sida barbaarinta carruurta, maxaa yeelay ragga way uga fiican yihiin. Sidoo kale, raggana loo dooray inay shaqooyinka qaar ay dumarka uga habboon yihiin sida hoggaaminta iyo maamulka.

Buuggan loogu magac daray, "Hoggaanka iyo Haweenka" waa

2 Yasmine Salam. (2021).

mid loogu talo-galay inuu wax ka bidhaamiyo dooddaa qaarkeed kor lagu xusay. Sidee ayey aheyd nolosha haweeneyda Islaamka ka hor, Islaamkuse muxuu ka qabtay? Ma dhab baa in Shareecada Islaamku aanay dumarka tixgelin siin oo aanay xuquuqdooda dhawrin? Maxaa keenay kacdoonkii dumarka ee Yurub ka bilowdey? Ma xornimo-u-dirir ayey ahaayeen, mise waxay doonayeen sadbursi iyo inay helaan xaq aanay laheyn? Maxaa keenay dagaalka ay ku hayaan diimaha, gaar ahaan Islaamka kooxaha la halmaala kooxda dumarnimada u dagaallama sida Calmaaniyadda, Diinlaawannimada, kooxda Jinsi-gudka iyo wixii la mid ah? Ma jiraan wax caddeynaya in ragga iyo dumarku abuur ahaan ay jirto waxay ku kala geddisan yihiin? Weyddiimahaa kor ku xusan ayey qormadu isku dayeysaa inay jawaab u hesho.

Marka la soo koobo, waxaa igu bixiyey qormadan arrimaha soo socda:

§ Haweenku waa bulshada barkeed, waana wehelka ninku u kaashado nolosha iyo hawsha reerka. Ninku haddii aanu helin haweeney barbar taagan wuxuu noqonayaa nin waaxi maqan tahay. Xilliyadan dambe dumarku waxay noqdeen halka laga dumiyo, lagana abbaaro bulshooyinka muslimka ah. Sidaa darteed, gabadha muslimadda ahi waxay u baahan tahay inay garato weerarkaa lixaadka leh ee ku soo fool leh isagoo maryo cusub oo dhalanteed ah, halkudhigna looga dhigay "Raadinta xuquuqda haweenka" lagu soo hadoodiley.

§ Waxaa batay qaylo-dhaan loogu magac daray "Xoreynta Haweenka" arrintaas oo ay hoggaan u yihiin waddammada reer Galbeedka oo iyagu waa hore diin iyo anshax dhinac iska dhigay. Gabadhii muslimadda ahayd waxaa shaki laga galiyey xuquuqdii iyo waajibaadkii Islaamku siiyey, waxaana looga dhigay in horumarkoodu ku jiro ragga oo ay feer yaacaan, loollanna kula galaan hawlaha loo gooni yeelay sida hoggaaminta bulshada. Taasi waxay keentay in samihii iyo xumihii is dhexgalaan, aragtidii saxda ahayd iyo middii xumeydna la kala garan waayo. Gabadha muslimadda ahi waxay u baahan tahay in la tusiyo in haweenkii Yurub ay darbiga soo taabteen oo ay hadda guryo-noqod yihiin.

§ Muslimiintu waxay ku jiraan xilli adag iyo kala daadsanaan, arrintaana waxaa ka faa'iideystey cadowgooda. Gaar ahaan, Soomaaliya waxay xilliyadii dambe ku jirtey dagaal sokeeye oo gaag-mareebe ah. Dhibaatadaa badatay darteed, waxay keentay bulshoweyn badani inay Galbeedka u qaxdo. Waxaa loo tagey ummad labadeedii jaad ee ragga iyo dumarka uu hardan iyo dagaal ka dhexeeyo, dhan kasta oo nolosha ahna isfeeryaacaya. Haween badan ayaa ku kadsoomey, una arkay in sidani tahay sida horumar lagu gaari karo, hoggaanka guud iyo midka reerka ee dumarka loo diidaana uu yahay dulmi, hagardaamo iyo quursi dumarka lagu hayo. Waxay si fudud uga hor yimaadeen sharcigii Alle dunidan u dajiyey, waxayna baylihiyeen waajibaadkoodii iyagoo xuquuq aanay lahayn baadigoobaya. In gabdhahaa looga digo dhagarta cadowga ayaa ka mid ah danta qoraalka.

§ Bulshooyinkii iyo ilbaxnimooyinkii hore iyo kuwa hadda jooga waxay isku khilaafeen booska iyo qaayaha haweenka. Bulsho keliya, ama xilli keliya ayaa laga yaabaa inay haweenku maraan heerar kala duwan. Mar waxay ku xadgudbaan karaamadeeda iyo qaayaheeda, marna waxay dhaafiyaan booskeeda iyo qaddarteeda. Islaamku wuxuu siiyey xuquuq iyo waajibaad joogto ah, cid ku xadgudbi kartaana aanay jirin. Wuxuu amray oo u diray hawl ay ka bixi karto, xuquuq u dhiganta hawsha loo dirayna wuu siiyey. In xuquuqdaa Islaamku haweenka siiyey iyo waajibaadka uu saaray la caddeeyo ayaa ka mid ahaa waxyaabihii igu bixiyey qormadan.

§ In laga warramo sidii ay haweenku u noolaayeen xilliyadii hore waxay tareysaa dhowr arrimood. Midda hore, in dumar badan oo ku kadsoomay dhawaaqa beenta ah ee Reer Galbeedku doonayaan inay dumarka ku dagaan ay ogaadaan wanaagga Islaamka iyo sida uu u soo celiyey xuquuqdii dumarka ee ay ilbaxnimooyinkii iyo bulshooyinkii hore ay dumarka ka qaadeen. Midda xigta, inay arkaan sidii ay dumarka ula dhaqmi jireen qolooyinka dura xuquuqda iyo waajibaadka uu Islaamku dumarka siiyey. Midda saddexaad, waqti kasta oo la joogo inaan la helayn cid u dhaanta haweenka, ama boos ka fiican dhigaysa halka uu Islaamku dumarka gaarsiiyey. Ugu dambayn, in Islaamku yahay diin caddaalad ah ee aanu ahayn diin la wada siman yahay oo la is-feeryaaco.

§ Marba marka ka dambeysa oo uu cilmigu horumaraba, waxaa soo baxaya caddeymo cusub oo muujinaya inay jiraan kala duwanaan abuur ah oo u dhexeeya labada jaad ee ragga iyo dumarka. Kala duwanaantaasu waxay keentay in hawsha uu jaad walba ku habboon yahay ay ka duwan tahay midda kan kale ku fiican yahay. Inay gabadha muslimadda ahi ogaato inaan wax abuur ah waxba laga beddeli karin oo ay ku qanacdo kaalinta ay bulshada kaga jirto, kaalintaas oo ah mid lafdhabar bulshada u ah.

Kitaabku wuxuu u qaybsan yahay Toddoba qaybood:

Qaybta koowaad: Waxaan uga hadli doonaa xaaladdii haweenku ku sugnaayeen Islaamka ka hor, haddii ay noqon lahayd xilligii bulshooyinkii hore sida, Shiinihii hore, Hindida, Faarisiyiinta (Beershiya), Carabtii hore iyo wixii la mid ah, ama ay noqon lahayd diimihii hore sida Kiristanka iyo Yuhuudda.

Qaybta labaad: Waxaan uga hadli doonaa Soomaalida iyo haweenka. Sidii ay ahayd gabadhii Soomaaliyeed iyo kaalintii ay kaga jirtey bulshada ka hor xilligii gumeysiga. Sidoo kale xilliyadii gumeysiga, gobannimadoonkii iyo dawladihii waddanka soo maray waxa iska beddeley xaaladdooda nololeed, waxbarsho iyo shaqo.

Qaybta Saddexaad: Xuquuqda Islaamku siiyey haweeneyda, haddii ay noqon lahayd xuquuqdeeda bulshada dhexdeeda, midda diinta, midda siyaasadda iyo midda dhaqaalaha iyo xoolaha.

Qaybta Afraad: waajibaadka saaran gabadha muslimadda ah, haddii ay noqon lahayd waajibaadkeeda cibaado, midda hooyannimo iyo qoysnimo iyo wixii la mid ah.

Qaybta Shanaad: Muuqaalka beenta ah ee laga bixiyo Diinta Islaamka iyadoo loogu soo gabbanayo xuquuqda haweenka. Sidoo kale, inaan wax ka xusno taariikhda iyo ujeedadii kacdoonkii dumarka ee Yurub ka bilowdey.

Qaybta Lixaad: Waxaan ugu hadli doonaa kala duwanaanta ragga iyo dumarka abuur ahaan. Waxaan wax ka bidhaamin doonaa waxa ragga iyo dumarku ku kala geddisan yihiin jir ahaan, maskax ahaan iyo aragti ahaanba ee baaritaanka cilmiga ah lagu ogaadey.

Qaybta Toddobaad: Waxaan uga hadli doonaa hoggaanka iyo waxa Islaamku ka yiri. Waxaan ku soo qaadan doonaa hoggaanka iyo haweenka iyo inay haweeneydu hoggaamiye noqon karto iyo inay jirto jagooyin ay bulshada ka dhex qaban karto. Waxaan dulmari doonaa waxa culimadii hore iyo culimada xilligan joogtaa ay ka yiraahdeen haweenka iyo siyaasadda ama hoggaaminta.

Waxaan jeclahay inaan halkan uga mahadnaqo dhammaan asxaabtii igala qaybqaadatay buugga haddii ay ahaan lahayd dhiirrigelinta, sixidda xaraf-gefka, tala-ka-bixinta iyo sameynta muuqaalka buugga (design).

QAYBTA KOOWAAD

HAWEENEYDA ISLAAMKA KA HOR

DUNIDU WAXAY soo martay xilliyo kala duwan, xilli kastaana wuxuu lahaa ilbaxnimo u gaar ah. Xilliyadaa iyo ilbaxnimadaa kala duwani waxay isku khilaafsanaayeen booska haweeneydu kaga jirto bulshada iyo qiimaha ay ku leedahay. Xilliyada qaar waxaa dhici jirtey inay haweeneydu hesho xoogaa qaddarin iyo naxariis ah, halka inta badan ay la kulmi jirtey dulmi iyo hagardaamooyin aan la soo koobi karin. Taasi waxay keentay inay haweeneydu weydo xuquuqdeedii dumarnimo, laguna xadgudbo dadnimadeedii iyo karaamadeedii.

Sababo badan ayaa loo tiiriyaa waxa sababay xadgudubkaa. Haweeneyda oo jismi ahaan ah mid tabar daran marka ragga loo eego ayaa keentay in raggu ku xadgudbo oo ku amar-ku-taagleeyo. Waa dhaqan noolaha lagu yaqaan in la isku awood sheegto oo midba midka uu ka itaal roon yahay uu muquuniyo, kuna xadgudbo.

Ilbaxnimadii hore intooda badani waxay dumarka ula dhaqmi jireen sidii alaab ay leeyihiin oo markii ay doonaanna ay iibsan karaan, hawshii ay doonaanna ay u adeegsan karaan. Xilli kasta oo ay haweeneydu ku jirto, hooyo, gabar iyo walaal waxay ahayd addoon la adeegsado, gacan markii ay ka baxdana ay ku wareegto mid kale, nolosheeda oo dhanna aan ka bixin xabsigaa iyo addoonsigaa.

Noloshaa dullinnimada ah ayey haweeneydu qabatintay, waxayna u aragtay inay sidani tahay sidii loo abuuray iyo inay ragga addoon u ahaato. Xor umaanay ahayn arrimaheeda khaaska ah, kamana doodi karin dulmi iyo gabood-fal wixii lagula kacoba. Dhalashadeeda laguma farxi jirin, qaarkoodna waa la nolol-duugi jirey. Arrintaa isagoo ALLAAH ku ceebaynaya ayuu wuxuu ku yiri aayad Qur'aan ah:

﴿وَإِذَا بُشِّرَ أَحَدُهُم بِٱلْأُنثَىٰ ظَلَّ وَجْهُهُۥ مُسْوَدًّا وَهُوَ كَظِيمٌ ۝
يَتَوَٰرَىٰ مِنَ ٱلْقَوْمِ مِن سُوٓءِ مَا بُشِّرَ بِهِۦٓ ۚ أَيُمْسِكُهُۥ عَلَىٰ هُونٍ أَمْ يَدُسُّهُۥ فِى
ٱلتُّرَابِ ۗ أَلَا سَآءَ مَا يَحْكُمُونَ﴾

"Marka midkood loogu bishaareeyo dheddig, wejigiisu wuxuu noqdaa madow isagoo walbahaaraya ۝ Dadka ayuu iska qarinayaa xumaanta waxa loogu bishaareeyey. Ma wuxuu ku haystaa dullinnimo, mise wuxuu dhumbiyaa dhulka. Waxaa xun waxa ay xukumayaan"[3]

Qur'aan Suurah al-Naxal, 16:58-59

Dhibkaa ay haweeneydu ku jirtey wuxuu keenay in kacdoon uu dunida ka bilowdo, kacdoonkaas oo loogu magac daray, "Xoreynta Dumarka". Kacdoonkaa xooggiisu wuxuu ka

---

3 Maxammuud M. Cabdi (1412).

bilowdey qaaradda Yurub lixdameeyadii qarnigii Labaatanaad, inkastoo uu la bilowdey kacaankii Faransiiska qarnigii Siddeed iyo Tobnaad. Sida aan ku xusi doonno qaybaha dambe ee buugga, dumarku waxay ku jireen dhib la taaban karo, gaar ahaan waddammada xilligan lagu tilmaamo inay yihiin kuwa horey u maray. Silicaa ay dumarku ku jireen wuxuu xaq u siinayey inay ka dhiidhiyaan dulmigaa lagu hayo.

Kacdoonkaasu wuxuu isku dhexwadey labo fikradood oo kala duwan. Mid waxay ku doodeysey in dumarka la xoreeyo, raggana ay dhinac walba kala sinmaan, haddii ay noqon lahayd dhanka xuquuqda, shaqada iyo maamulka. Fikrad kale waxay ku doodeysey in dumarka xuquuqdooda loo soo dhiciyo, lagana daayo dhibaatooyinka lagu hayo, laakiin kuma doodeyn fikraddani in dumarka iyo ragga ay dhan walba ka sinmaan ee waxay qabeen in shaqo ahaan iyo jir ahaanba labada jinsi ay kala duwan yihiin.

Labadaa fikradood waxaa xoog batay middii u ololeyneysey sinnaanta ragga iyo dumarka, taasina waxay keentay in kacdoonkii la marin-habaabiyo, mirihii laga rabeyna ay ka soo bixi waayaan. Waxaa soo baxay koox u ololaysa dumarnimada (Feminism) oo ku baaqaya in dumarku loollan adag la galaan ragga, kana soo baxaan guryaha, arrinkaas oo ay dumarka u tuseen inuu yahay dibdhac iyo addoonsi ay raggu ku hayaan. Kacdoonkii dulmi-diidka iyo in la hagaajiyo nolosha dumarka ku saabsanaa waxay u rogeen mid sinnaan raadis ah, waxayna dhaqdhaqaaqii wax-hagaajinta ahaa u rogeen mid isdhex-yaac ah, sumcaddii kacdoonkana xumeeyey. Halkaas waxaa ka bilowdey hardan iyo dagaal adag oo labada jinsi ka dhexeeya.

Dumarkii aragtidaa hoggaaminayey waxay galeen dagaal adag oo colaad dhex dhigey qoyskii dhisnaa iyo bulshada dhexdeedii. Waxay dagaal adag la galeen guurkii, waxayna iclaamiyeen in guurku yahay xabsi la rabo in dumarka lagu xakameeyo. Waxay gaareen inay dhowrsanaanta ka dhigaan dib-dhac, xishoodkana cudur mudan in la daaweeyo, ficiladana amar-ku-taagleyn mudan in xididdada loo siibo.

Kacdoonkaa iyo hardankaa ka dhex abuurmay labadii jinsi ee lab iyo dheddigga ee waddammada Galbeedka waxaa loo soo raray dunida inteedii kale. Dumarkii waxaa looga dhigay inay dulmi ku jiraan, waajibna ay tahay inay ka xoroobaan. Sidoo kale, waxaa la cabsiiyey inaanay xornimo gaari karin inta ay guryaha ku jiraan oo carruurta korinayaan, ragguna ay hoggaankii ummadda ay la keliyeysteen. Waxay ku baaqeen in xijaabka la tuuro, raggana la tartamaan, meel kasta oo ay galaanna ay ka dabo-galaan. Waddan walba waxaa laga aasaasay ururro xornimo-doon ah, iyadoo lagu gabbanayo inay raadinayaan xuquuqda haweenka ka maqan. Arrinkaa waxaa u fududeeyey, qariyeyna fikraddaa qalloocan ee ay haweenkaasi wadeen dulmigii baahsanaa ee dumarka lagu hayey. Wuxuu ahaa kacdoon dadka loo tusayey inay xuquuqda dumarka u dagaallamaan, laakiin xaqiiqdiisu ahaa inay raadiyaan sinnaan dhan walba ah oo ragga iyo dumarka ah.

Giriiggii Hore

Ilbaxnimadii Giriigga, qaybteedii hore, haweeneydu waxay ahayd mid dhawrsoon oo aan gurigeeda ka bixin laakiin wax qayb ah kuma lahayn ka qaybqaadashada nolosha bulshada. Agtooda haweeneydu waxay ku tilmaami jireen wasakh iyo inay tahay camal shaydaan. Sida uu xusay Mustafa Sibaaci (2003), sharci ahaan, waxay ahayd alaab oo kale oo la iibiyo lana soo iibsado, xorna uma ahayn arrimaheeda, dhaxalkana waxba kuma lahayn. Awood umaanay lahayn inay maamusho xoolaheeda iyadoon oggolaasho ka haysan ninkeeda. Waqtigii dambe, waxay heshay gabadha Giriigga ahi xoogaa xorriyad ah, waxayna awood u heshay inay danaheeda u bixi karto.

Umaanay arki jirin inay haweeneydu wax qiimo ah ay leedahay oo aan ka ahayn inay wax dhasho, qaarkoodna waxayba diidi jireen in magacooda suuqa laga maqlo oo waa inaan magacooda dibadda laga maqlin sida muuqooda aan dibadda loogu arkin, illeyn guryaha ayey ku xabbisan yihiine.

Sida ay sheegtay Faaduma Cumar Nasiif (1995), haweeneyda looma oggolayn waxabarasho, mana lahayn goobo ay wax ku bartaan. Gabdhaha ka soo jeedo qoysaska hodanka ah waxaa loo oggolaa inay guryahooda ku bartaan akhriska iyo qoraalka oo aan cilmi kale la socon. Kuwa ka soo jeeda qoysaska saboolka ah ma heli jirin fursaddaa wax qorista iyo akhriska ah. Waxaa cilmi u ahaa waxa ay ka helaan sheekooyinka dhaqanka ama diinta ah ee ay uga sheekeeyaan hooyooyinkood ama haweenka kale. Waxyaabaha gabadha lagu barbaarin jirey, ama looga sheekayn jirey waxay ahaayeen sidii ay u gudan lahayd hawsha guriga, raggana ugu adeegi lahayd. Meelaha qaar waxaa gabadha loo oggolaa inay ka qayb qaadato waxbarshada ciyaaraha iyo muusikada. Sida ummadaha kale, haweentu dhaxalka waxba kama lahayn, gaar ahaan haddii ay walaal leedahay, wax ra'yi ahna kuma lahayn arrimaheeda, waxayna si toos ah gacanta ugu jirtey hadba ninka ugu dhow. Waxay aaminsanaayeen in dabeecaddu ay dumarka ka dhigtay mid aan lahayn wax garasho ah oo lagu xisaabtamo, sidaa darteed ay ku habboon tahay in lagu tarbiyeeyo arrimaha guriga, hooyannimo iyo korinta carruurta. Waxay ku dareen saddex qolo oo aan xaq u lahayn inay arrimahooda ka tashadaan, waxayna ka dhigeen addoonka, ilmaha iyo haweeneyda.

Giriiggii hore waxay rumeysnaayeen in dumarku sabab u yihiin xumaan kasta oo dunida ka dhacda. Shheeko-xariirtoodu waxay sheegtaa in haweeneydii ugu horreysey ee dunida la keeno la oran jirey Pandora, laguna eedeeyo dhibaato kasta oo dunida ka dhacda. Waxay qabaan xushmada iyo tixgelintu inay laboodka gaar u yihiin, dheddiguna ay dullinnimo iyo quursi mudan yihiin. Idris Falahi (2019).

Roomaankii Hore

Gabadha Roomaanka ahi waxay la wadaagtey dhibka iyo ku xadgudubka walaaleheedii kale ee ummadihii hore. Maanay heli jirin xuquuq iyo xurmo, kamana badbaadi jirin amar-ku-taaglaynta ragga ee aan xadka lahayn. Sida uu xusay Mustafa Sibaaci (2003), xilligii hore aabbuhu kumaanu qasbanayn inuu ilmihiisa sheegto, ilmihii uu doonana reerku wuu ka saari jirey isagoo sidii xoolihii iibinaya, reerkana wuxuu ku soo dari jirey qofkii uu doono. Awoodda aabbuhu xad ma lahayn, isaga ayeyna talada carruurtu, rag iyo dumarba, gacanta ugu jirtey inta uu nool yahay. Marka uu dhinto wiilashu xor ayey noqon jireen, laakiin talada gabdhuhu waxay ku wareegi jirtey qofka loo dardaarmo. Awoodda guurka waxaa lahaa aabbaha, wiilashiisa iyo gabdhihiisana cidii uu doono ayuu u guurin jirey.

Waxay dumarka ku xurmeyn jireen hadba sida ay u gudato hawsha guriga iyo sida ay uga soo dhalaasho daboolidda baahida ragga. Xaq umaanay lahayn inay ka hor timaaddo, ama ay hadal ka keento waxa uu ninku doono. Haddii ay la noqoto inuu ninka dilo xaaskiisa ama uu iibiyo xaq gabadhu umaanay lahayn inay dood ka keento, waaayo waxay rumeysnaayeen inaanay haweeneydu garasho lahayn, sidaa darteed aanay dood ka keeni karin wax kasta oo lagu falayo.

Idris Falahi (2019) wuxuu tilmaamay inay Roomaanku xilliyadii dambe oo xoogaa hagaajiyeen nolosha dumarka, haddana dhan walba ninka ayey hoos joogtey. Waxaaba ninka u bannaanaa inuu xaaskiisa qudha ka jaro haddii uu u arko inuu uga bixi karo dhibaato iyo ciriiri soo foodsaara.

Sharcigoodu uma oggoleyn in maatada oo dumarku ka mid yihiin ay hanta gaar ah yeelan karaan. Marka la guursado ninkeeda ayaa taladeeda la wareegaya, haddii aanu iyadaba suuqa geyn wuxuu ku sandulleyn karaa inay soo shaqeyso si uu isugu furto haddii qaan lagu yeesho. Haddii uu doono wuxuu xaaskiisa ku wareejin karaa cidda qaanta ku leh, gogoldhaaf haddii uu ku tuhmana, maxkamad la'aan ayuu dili karaa. Helen E. Wieand. (1917).

Faadumo Cumar (1995), waxay sheegtay inay haweeneyda ugu yeeri jireen, "doqontii dabiiciga ahayd", inkastoo ay xoogaa xushmad ah heli jirtey haddii ay tahay hooyo daacad ah, kuna dulqaadata hagardaamooyinka, si fiicanna u gudata waajibadka saaran. Marka la soo koobo, haweeneydii reer Rooma waxay dhibka la qabtey walaaleheedii kale, waxayna ahayd mid laga naxo dhalashadeeda oo aan la soo dhoweyn. Ma lahayn xuquuq, awoodna uma lahayn inay sheegato, waxaase saarnaa waajibaad aanay awood u lahayn inay ka dooddo, xataa haddii aanay awood u lahayn inay fuliso. Waxbarasho xaq umaanay lahayn, waxaana cilmi u ahaa sheeko-xariirooyinka ay ka dhaxlaan hooyooyinkood.

Hindidii Hore

Sida bulshooyinkii hore, Hindidii hore dumarka uma oggolayn wax xuquuq iyo karaamo ah. Qof ahaan, waxay kala sare-mariyaan qiimaha ragga iyo dumarka. Sharcigii

Hindida dumarka uma oggoleyn wax xuquuq ah, sida ku cad Sharciga Manu oo ah dastuurkooda. Waxaa ku cad oo uu sharcigaasu sheegayaa sidan: “Haweeneydu marxalad kasta oo ay ku jirto xaq uma leh inay wax arrin ah ku yeelato arrimaheeda gaar ahaaneed, haba ahaadeen arrimaheeda hoose ee guriga. Waqtigeeda carruurnimo waxaa taladeeda leh waalidkeed, waqtiga guurkana waxay gacanta ugu jirtaa ninkeeda. Haddii ninkeedu dhinto waxay ku wareegaysaa adeerradeed, haddii aanay adeerro lahaynna waxaa taladeeda la wareegaya xaakimka. Sinaba gabadhu arrimaheeda uma madax bannaanaan karto”. (Faaduma Cumar, 1995)

Haweeneydu marna kama xoroobi jirin gacanta ragga, mid markii uu dhintaba waxay ku qasbanayd inay mid kale sheegato. Sida uu xusay Mustafa (2003), gabadhu xaq umaanay lahayn inay sii noolaato mar haddii ninkeedu geeriyoodo, waxaana waajib ku ahaa inay isku gubto goobta meydka ninkeeda lagu gubayo. Caadadaa xumi waxay soo gaartay ilaa qarnigii 17aad.

Sida Giriigga iyo ummadihii horeba qabaan, waxay Hindidu qabtaa inay haweeneydu tahay halka dhib iyo balaayo ay ka soo unkamaan. Waa inay haweeneydu adeegto ahaato, ama addoon la leeyahay ama ay sanamkeeda ag fadhido oo ay caabuddo. Idris Falahi (2019).

Faadumo Cumar (1995) waxay ku xustay kitaabkeeda sida ay isku gubi jirtey gabadha hindida ahi marka ninkeedu dhinto. “Haweeneyda waxaa u habboon inay isku tuurto qoryaha loogu talo-galay in ninkeeda lagu gubo. Marka la soo dhigo meydka ninka, gabadhu waxay soo baxaysaa iyadoo xijaaban, markaa ayuu wadaadkoodu (Baraahima) ka siibayaa xijaabka iyo wixii dahab ah ee ay xiran tahay, wuxuuna u qaybinayaa ehelkeeda, wuxuuna furfurayaa tidica timaheeda. Dhanka midig intuu qabto ayuu saddex jeer ku wareejinayaa qoryihii. Intay ku dul joogsato xaabadii ayey lugaha ninkeeda kor ugu qaadaysaa wejigeeda, si ay u muujiso siday isugu dulleynayso. Intay soo wareegto ayey madaxiisa agtiisa fariisanaysaa, gacanteeda midigta ah iyadoo dulsaaraysa. Dabka ayaa lagu shidayaa, waxayna la gubanaysaa meydka ninkeeda.

Waxay sheegaan in arrinkaasu u keenayo inay nolol raaxo leh ninkeeda kula noolaato, lana degto samada muddo dhan 35 malyan oo sano. Waxa kale oo ay sheegaan in arrinkaasu uu dambiga ka nadiifinayo hooyadeed, aabbeheed iyo ninka ehelkiisa, sidoo kalena ninka laftigiisa ayey danbi-dhaaf u noqonaysaa. Gabadhaa waxaa lagu tirinayaa inay tahay gabadha dumarka oo dhan ugu sharafta badan, uguna magaca fiican".

Sida ay xustay Albahayi Al-khawli (1994), ilaa hadda marka laga sheekaynayo caadooyinka ay Hindidu leedahay waxaa laga sheegaa in caadadaasi ay weli ka jirto goobo badan oo Hindiya ah. Haweeneyda wanaagsan markii ay sifaynayeen waxay ku tilmaameen inay tahay midda u adeegta ninkeeda sidii inuu Alle yahay, marka ay ninkeeda la hadlaysana waa inay ugu yeertaa, "Mawlahaygiiyow", mararka qaarna "Allahaygiiyow" ay ugu yeerto.

Shiinihii Hore

Bulshooyinkii hore ee dumarka sida xun ula dhaqmi jirey waxaa ka mid ahaa Shiinaha. Marka ay tirinayaan waxyaabaha dunida ugu qiimaha liita waxay kow ka dhigi jireen dumarka, taasina waxay muujinaysaa booska ay haweenku ka joogeen. Waxay ku tilmaami jireen qof ayaan daran, ruuxna aanu ku farxayn dhalashadeeda. Heesahooda waxay ku tilmaami jireen inaanay jirin cid haweenta ka nasiib daran, halka ay istubaan albaabka reerka uu wiilku u dhashay, sidii inuu yahay ilaahyo samada ka soo dhacay, gabadhase cidina kuma farxayso dhalashadeeda, haddii ay gabowdana waxay ku uruuraysaa qolkeeda, cidina uma barooranayso haddii gurigeeda laga waayo. Albahayi Al-khawli (1994).

Albahayi Al-khawli iyadoo sii wadda ayey soo xigatey haweeney tilmaamaysa booska dumarku ka joogo shiinaha. Waxay sheegtay in dumarka shiinuhu ay bulshada dhexdeeda ka joogaan meesha ugu hoosaysa, sidaa darteedna uu nasiibkoodu noqday inay qabtaan shaqada ugu liidata. Gabadha hadalkaas lihi waxay ka dhalatay qoysaskii sare ee xilligaa, sidee lagu qiyaasi karaa xaalka ay ku noolayd gabadhii ka soo jeeddey reer sabool ah! Haweeneydu waxay ku qasbanayd inay la noolaato ninka loo dooray, ha ahaado mid qanciya ama mid kadeeda oo nolosha ku ciriiriya.

Waxaa jirey xilliyo ay haweeneyda xoogaa tixgelin ah heli jirtey hooyo ahaan. Xilligaa reerku wuxuu u nasab sheegan jirey hooyada, waayo lama aqoon aabbaha reerka. Taasi waxay muujinaysaa in nolosha xilligaa ka jirtey Shiinaha ay la mid ahayd midda xayawaanka. Xayawaanka waxaa loo tiiriyaa marka la firsoocayo hooyadi, waayo laboodku wax shaqo ah kuma leh ilmo korinta. Sida ay kitaabkeeda ku tilmaamayso Faadumo Cumar (1995), waalidku waxay Alle ka baryi jireen inuu wiilal siiyo, sababta ay hooyadu ku mudato sharaf ama dullinnimona waxay ahayd hadba ilmaha ay dhasho jinsiga uu yahay. Wiilasha waxay ku tirin jireen inay ka sarreeyaan gabadha marka loo eego shaqada beeraha iyo dagaalka, gabadhuna waxay waalidka ku ahayd culays aanu faa'iido ka helin. Waxay gaareen heer ay caan noqoto dilka gabdhaha. Reerkii gabar u dhalato oo ay u arkaan inay culays dhaqaale ku keenayso, meel cidlo ah ayey uga soo tagi jireen, halkaas oo ama geyraha habeenkii uu ku dilo ama bahal ku cuno. Haddii ay u oggolaadaan inay sii noolaato maanay heli jirin nolol raaxo leh ee waxay u noolayd inay ninka addoon u noqoto, sidii uu doonana uu ka yeelo.

Gabadha Shiinuhu waxay, iyana, ku noolayd noloshaa hoosaysa, waxayna ahayd ruux aan dhalashadeeda la jeclaysan. Waxay u noolayd inay adeegto noqoto, loomana oggoleyn tacliin iyo inay waxbarato. Wax xuquuq ah ma lahayn, waxayna ahayd badeeco uu ninku leeyahay sidii uu doonana uu u adeegsado.

Beershiya (Faaris)

Beershiyiintu waxay ahaayeen ummad dagaal, sidaa darteed, sida ilbaxnimooyinkii la midka ahaa, waxay fadili jireen ragga, mar haddii ay ragga yihiin kuwa dagaalka galaya. Xaaladda dumarku waxay ahayd mid isbeddesha oo waqtiba si' ah. Waxaa jirtey xilli ay awood u lahaayeen inay dooran karaan ninka guursanaya, inay furriin dalban karto iyo inay maalkeeda gaar ahaaneed ay maamuli karto. Haweenku waxay ahaayeen kuwo ku hoos nool ragga oo sidii ay doonaan ugu amar-ku-taagleeyaan. Wuxuu awood u lahaa inuu ku rido xukunka uu doono, dilba ha ahaadee, ama sida uu doono uu ugu raaxaysto. Wuxuu ula dhaqmi jirey sidii badeeco oo kale ama maacuunta guriga oo kale. Waxay ku dari jireen inay dumarku yihiin mid ka mid saddexda dambiilayaal ee kala ah: Dhulka, dahabka iyo haweenka. Faadumo Cumar (1995).

Haddii gabadha ay caado ama dhiigga dhalmadu uu ku dhaco waxay u arki jireen inay nijaasowdey, sidaa darteedna aan lala fariisan karin, wax lala cuni karin oo aan loo dhowaan karin. Meel gaar ah ayaa buul looga dhisi jirey, dadkana ma soo dhexgeli jirin, cidda cunto iyo wax la mid ah u geyneysana waa inay gacmaha, afka iyo dhegaha ay maryo ku duubtaan, sababtoo ah waxay aaminsanaayeen inay nijaaseynayaan wax kasta oo ay taabtaan.[4]

Sidaas ayey gabadhii reer beershiya ula qabtey walaaleheeda kale silica iyo saxariirta. Waa la weel duwi jirey haddii ay caado ku dhacdo, xuquuqdeedii qofnimona maanay lahayn.

Yuhuudda

Mustafa Sibaaci (2003) wuxuu sheegay in qaar ka mid ah qaybaha Yuhuudda dumarka ay ku tiriyaan inay adeege tahay, aabbeheedna wuxuu xaq u leeyahay inuu iib geeyo, mana dhaxli jirin inaanu aabbeheed wiilal dhalin mooyaane. Waxa kale oo ay dumarka ku sheegaan inay lacnadan tahay, sababtoo ah waxay dagtay aabbeheen Aadam.

Waxay soo guurisey Faadumo Cumar (1995) in aabbuhu reerka ku lahaa awood aan jaangooyo lahayn, carruurtiisuna xaq uma lahayn inay noolaadaan inay isaga addeecaan mooyaane. Haddii uu sabool yahay wuxuu awood u lahaa inuu gabadhiisa iibiyo inta aanay qaangaarin. Gabadha yuhuudiyadda ah waxaa bannaanayd in la afduubto, la dhaxlo, aabbuhuna wuxuu xaq u lahaa inuu xataa kireyn karo waqti go'an. Haddii uu u arko inay mudatay inuu dilo, isagoon cidna ka faashaneyn ayuu dhegta dhiigga u dari jirey. Waxay aaminsan yihiin in haweeneydu qof ahaanba aanay daahir ahayn. Haddii ay wiil dhasho waxay ahaanaysaa mid aan daahir ahayn toddobaad, haddiise ay

4 Dr Faadumo Cumar (1995).

gabar dhasho muddadu way labanlaabmaysaa oo 14 beri ayey noqonaysaa. Arrinkaasu wuxuu ku tusinayaa sida ay labada jinsi u kala saremarinayeen.

Haweeneydu haddii caado ku dhacdo waxay ku tiriyaan inay nijaaso tahay, qofkii taabta iyada ama goobta ay fadhido wuxuu noqonayaa nijaaso ilaa galabta laga gaaro, waana inuu isku daahiriyo biyo qabow. Iskaba daa marka ay caadadu ku dhacdee, haddii ay gabadhu dareento in xilligeedii soo dhow yahay waxaa lagu tirinayaa inaanay daahir ahayn. Ninka uma bannaana inuu taabto, wax la cuno, sariir la seexdo, gaadiid la fuulo. Haddii ninku bukoodo, cid kale oo jeenan bixisana la waayo, way u adeegi kartaa haddii aanay jirkiisa taabaneyn. Haddii ay iyadu bukooto ninka looma oggola inuu u tago, xataa haddii aanu taabaneyn.

Sidaas ayey gabadha Yuhuudda ahi ku noolayd, ilaa haddana waxyaabo badan oo caadaadkaa ka mid ah ay ugu nooshahay. Waxay ku tiriyaan inay tahay aabbaha sharta oo dhan oo ay lacnadan tahay. Arrinkaasu wuxuu ku yimid, waxay beddeleen kitaabkii Ilaahay ee Tawraat, waxayna diin ka dhigteen waxyaabo ay culimadoodu diin uga dhigtay.

Kiristaanka

Culimada kiristanku waxay fatwoodeen inuu guurku wax xun yahay oo ay waajib tahay in laga fogaado, sababtoo ah haweeneydu waa albaabkii shaydaanku ka soo galayey iyo hubkii uu shaydaanku isticmaalayey. Waxay ku sheegeen inay tahay shar aan laga maarmin iyo aafo la jecel yahay, khatarna ku ah qoyska. Kulan la qabtay qarnigii Shanaad ayaa looga dooday, la isna weydiiyey su'aasha ah: Haweeneydu ma jir aan naf lahayn baa, mise ruux way leedahay? Dood dheer kaddib, waxay ku soo gabogabeeyeen inay ka dhar la'dahay naftii laga badbaadiyey naarta Jahannamo, marka laga reebo Maryam, Nabi Ciise hooyadi. (Mustafa Sibaaci, 2003).

Isla Mustafa wuxuu xusay in sannadkii 586 ee miilaadiga ayaa shir waxaa lagu qabtay Faransiiska, waxaana looga doodayey in haweeneyda lagu tirin karo dad iyo inkale. Waxay dooddii ku soo afjareen inay haweeneydu tahay ruux loo abuuray inay ragga u adeegto oo keliya. Ilaa iyo sannadkii 1805 sharciga Ingiriisku wuxuu ninka u fasaxayey inuu xaaskiisa iibin karo, iyadoo la jaangooyey qiimaha lagu iibin karo. Sannadkii 1961 waxaa Talyaaniga ka dhacday in nin Talyaani ahi uu xaaskiisa ka iibiyey nin kale, kaddibna ninkii iibsadey uu diidey inuu bixiyo lacag ku hartay, taasina ay sababtay inuu dilo ninkii uu xaaskiisa ka iibiyey. Xataa xilligii kacdoonka, sharciga Faransiisku wuxuu dhigayey inaanay haweeneydu heshiis geli karin in cidda masuulka ka ahi ay ku raacdo mooyaane, waxaana ku caddaa inay haweeneydu ka mid tahay qolada laga sharay maamulka sida ilmaha yar iyo qofka waalan.

Waxay soo guurisey Faadumo Cumar (1995) inay kutubtooda ku qoran tahay inay haweenku hoos isu dhigaan oo ay raggooda u hogtaan sidii Rabbi oo kale, waayo ninku waa madaxii reerka sida nabi Ciise uu u yahay madaxii Kaniisadda. Sidoo kale, waxay ku caddeeyeen in haweeneyda loo abuuray ninka, ninkase aan haweeneyda loo abuurin. Looma oggola inay kaniisadda ku dhex hadlaan, xataa haddii ay rabaan inay qof kale wax weyddiiyaan. Haddii ay rabaan inay wax bartaan waa in raggoodu guriga wax ku baraan, sababtoo ah waa arrin xun in haweeneydu ay ku hadasho kaniisadda dhexdeeda.

Waxay qabaan inay dumarku xumaan oo dhan hooyo

iyo aabbe u yihiin, yihiinna anshax xumo oo dhan halka ay ka soo burqaneyso iyo iridka Naarta laga galo. Sidoo kale, inay yihiin dhibka iyo halaagga ragga iyo hubka shaydaanku adeegsado. Idris Falahi (2019).

Qaar ka mid ah ilbaxnimooyinkii hore ayaa kiristanka kaga fiicnaa marka la eego sida ay xilliyada qaar haweenku u heli jireen xushmad iyo tixgelin ama ay wax hantiyi kareen amaba ay waxbarasho heli jireen. Goobaha waxbarashadu ragga ayey gaar u ahaayeen, dumarkuna ma soo dhexgeli karin. 1876 ayaa afar bare jaamacadeed waxay iska casileen jaamacad London ku taalley oo la oran jirey College of Surgeons. Waxay ka gadoodeen in saddex haween ah loo oggolaadey inay jaamacadda ku sameeyaan laylin ummulisannimo. Waxaaba ka sii daray in kulliyadihii caafimaadku ay barayaashii ugu hanbalyeeyaan tallaabadaa ay qaadeen. Isla Ingiriiska ayaa 1869 ayaa bare jaamacadda Edinburgh diidey inay ardaydiisa ka mid noqdaan afar haween ah oo jaamacadda lagu soo qoray. Ardaydii ayaa qaylo iyo orin ay macallinkooda ku taageerayaan bilaabay. Elizabeth Cady Stanton and J. L. Spalding. (1885).

Kulan ay yeesheen golaha kaniisadaha ee England bishii November 2012 (bbc.co.uk, 2012) ayaa looga dooday inay dumarku noqon karaan wadaaddada kaniisadda (bishop) iyo in kale. Cod ayaa arrintaa loo qaaday, mana ahayn markii ugu horreysey ee cod la qaado. Natiijadii waxay noqotay in la diido in haweeney ay noqoto wadaad darajo sare ku leh maamulka kaniisadda.

Halkaas ayey dumarka dhigtay diinta Masiixiyadda ee la dhalan rogey. Dumarka waxay amraysaa inay ninka ka dambayso oo ay addeecdo addeecid indho la'aan ah. Haweeneydu agtooda wax xuquuq ah ma leh, waxaase saaran waajibaad aan xad lahayn. Diinta Yuhuudda iyo midda Nasaarada oo asalkoodu ahaa diimo samaawi ah markii la dhalan rogey waxay waafaqeen dadyowgii hore ee aan diimaha haysan. Waxay ina tusaysaa sida dadku u baadiyoobayo haddii laga leexdo sidii Alle ugu talo galay dunidan aynu ku nool nahay.

Carabtii Hore

Carabtu, Islaamka ka hor, sida bulshooyinkii ay isku xilliga ahaayeen dumarku kuma haysan xurmo weyn oo lagu naalloodo, inkastoo la soo guuriyo inay wax badan dhaameen dumarkii ku noolaa ummadihii ilbaxnimadada lagu sheegi jirey, sida Giriigga, Roomaanka iyo Beershiyiinta. Kowthar Kaamil (2006) waxay ku sheegtay in haweeneyda carbeed qarniyadii lixaad iyo toddobaad ay guud ahaan ka nolol fiicnayd ummadihii kale, xataa kuwii ilbaxnimada sheeganayey sida Roomaanka. Roomaanku, diinta kiristanka ka hor, wuxuu ninku xaq u lahaa inuu haweeneydiisa dilo, halka Yurub, xataa diinta kiristanka ka dib, ay dumarka ka hoos mariyeen booska dadnimada, kuna tiriyeen inay tahay asalka sharta.

Carabtu waxay dumarka dhigeen boos ka roon midkaa, waa ammaani jireen, waxaadna ammaantaa ku arkaysaa gabayadooda lagu tiriyo inay yihiin gabayada ugu sarreeya, waxayna ku faani jireen dhawriddeeda, sharafteedana waa ilaalin jireen. Dagaallo badan ayey u galeen iyagoo difaacaya sharafta dumarka, dagaalladaas oo qaarkood iyaga dhexdooda ka dhacay, qaarna uu dhexmaray iyaga iyo Beershiya.

Iyadoo ay jirtey waxoogaa naruuro ah oo ay haysatey gabadha carbeed, meelaha qaarna ay heli jirtey xoogaa caddaalad ah, kuna dhaantey kuwii aynigeeda ahaa ee ku noolaa ummadihii jirey ee ay qaarkoodna ilbaxnimo sheeganayeen, qaarna diin u nasab sheeganayeen, haddana waxaa jirey xaalado murugo leh oo ay ku noolayd gabadhii carbeed. Carabta dhexdeeda nolosha gabadhu ma ahayn mid dhowran sida wiilka. Waxaa lagula kici jirey dil aan loo aabba-yeelin, waxaana la aasi jirey iyadoo nool. Ma jirin danbi ay galabsatay oo loo dili jirey oo dhaafsiisan inay dheddig tahay. Odayga reerka ayaa xaq u lahaa inuu maxkamad uu isagu garsoore ka yahay uu ku qaado, kaddibna uu ku xukumo in la aaso iyadoo nool. Dilka laftigiisa ayaa isdhaama, qofkii inta la dilo kaddib la xabaalo wuxuu dhaamaa mid isagoo nool ciidda lagu rogo. Waxay gabadha u dili jireen baqdin ay ka qabaan in lagu ceebeeyo, ama cabsi uu ka qabo saboolnimo iyo inuu waayo wuxuu ku quudiyo. Arrintaas si adag ayaa Alle weyne ugu ceebeeyey, una reebay.

Sidoo kale, gabadha carbeed dhaxalka waalidkeed iyo midka ninkeeda hunguri kama geli jirin oo afka looma saari jirin. Hooyadu wiilkeeda xoolaha uu ka tago iyadoo soo taagan ayaa rag kale dareersan jirey. Dhaxalka waxaa loo xukumay ragga, gaar ahaan kuwa xoogga leh ee hubka qaadi kara, reerkana difaaci kara. Deegaanka Carabtu wuxuu ahaa goob lagu hardamo oo dagaallo aan dhammaani ay ka socdaan, sidaa darteed ayaa dheddigoodku ku waayeen xaqoodii mar haddii aanay, intay faras heensaysato, duullaanka raacayn. Haddii ay noqoto talo ama wada tashi, dumarku wax saami ah kuma lahayn, ninkuna ceeb ayuu u arki jirey inuu islaantiisa la showro oo talo weydiiyo. Cumar Ibnu Khaddaab +, isagoo ka sheekaynaya sida ay dumarka u arki jireen Islaamka ka hor ayaa wuxuu yiri,

"والله إن كنا في الجاهلية ما نعد للنساء أمرا حتى أنزل الله فيهن ما أنزل وقسم لهن ما قسم"

"Allaah ayaan ku dhaartaye xilligii jaahiliga dumarka waxba umaannan arki jirin ilaa Alle ka soo dejiyey xaalkooda wixii uu soo dejiyey, qaybna uu ka siiyey wixii uu qaybiyey"[5]

Dhibaatooyinkii haystey gabdhaha carbeed waxaa ka mid ahaa in iyaga laftigooda la kala dhaxli jirey sida xoolaha. Wiilku wuxuu dhaxli jirey haweeneyda aabbihii ka dhinto oo way guursan jireen aayadood, cid kalena heeladka kama soo dhowaan karin inuu isagu fasaxo mooyaane. Haddii uu doono, wuxuu awood u lahaa wiilku inuu meermeeriyo oo aanu isaguna guursan, cid kalena aanu u oggolaan. Aabaha laftigiisu gabadhiisa guurka waa u diidi jirey ilaa inay isfurato mooyaane, ninkuna xaaska uu furay wuxuu heli karey inuu jidgooyo u dhigto inay siiso wuxuu rabo mooyaane. Ninku intuu doono oo dumar ah ayuu guursan jirey iyadoo aaney jirin cid kala xisaabtameysa wixii xadgudub ah ee uu ku falo. Furiddu xad ma lahayn, intuu doono ayuuna ku furi jirey, markuu doonana waa soo ceshan jirey. Qaarkood inta laga dhaarto oo lagu yiraahdo, "Hooyadey oo kale ayaad iga tahay", ayey sidaa ku ahaan jirtey.

Sidaas ayuu ahaa xaalkii ay ku sugnayd haweeneydu Islaamka ka hor. Waxay ku noolayd nolol liidata, bulshada dhexdeedana sharaf kuma lahayn. Waxay ahayd xoolo uu leeyahay ninku, sida uu doonana uu ka yeeli jirey. Qaarkood suuqa ayey geyn jireen oo ay beecin jireen, qaarna addoon ay leeyihiin ayey u ahayd. Looma xeerin jirin hooyo, walaal iyo gabar toona. Qaarkood waxaa la gaarsiiyey in laga doodo dadnimadooda, qaarna waxay ka dhigeen wax nijaas ah oo

5 Ibnu xajar Al-casqalaani (1379-Jus 8).

lacnadan.

Islaamku markii uu yimid wuxuu beddeley wax kasta oo dulmi ahaa ee dunida ka jirey. Wuxuu la dagaallamay kala sarreyntii iyo isku-xoog-sheegashadii. Qof walba wuxuu siiyey xaqiisii, wuxuuna ka soo dhigay wixii dheeraadka ku ahaa ee uu sitey. Ciddii ugu horreysey ee uu Islaamku dulmiga ka dulqaaday waxay ahayd dumarka, wuxuuna u soo celiyey xuquuqdeedii la duudsiyey, wuxuuna sugay booska ay ka joogto bulshada, meelaha qaarna iyada ayuu xuquuq dheeraad ah siiyey, ninkii hoos u dhigayeyna xaq ahaan qofka ugu xaq weyn waxaa laga dhigay hooyadi.

QAYBTA LABAAD

SOOMAALIDA IYO HAWEENKA

SOOMAALIDU, SIDA bulshooyinka kaleba, waxay leeyihiin caadooyin, dhaqammo iyo xeerar ku jaango'an noloshooda iyo qaab-fikirkooda. Waxay lahaayeen xeerar ku saabsan dagaalka, mid ku saabsan nabadda, mid ku saabsan guurka, mid ku saabsan dumarka iwm. Marka aan eegno dumarka, bulshada dhexdeeda waxay ku lahaayeen qiimo iyo tixgelin, waxayna aad uga fiicnaayeen ummado ilbaxnimo sheegta, quruumo badanna soo jirey. Waxay gabadhu mari jirtey heerar iyo marxalado kala duwan. Mar waa ilmo yar, mar waa foodley, mar waa gashaanti, marna waa hooyo.

Noloshii Gabadha Gumeysiga Iyo Dawlidnimada Ka Hor

Bulshada Soomaaliyeed waxay ahayd bulsho xoolo-dhaqato ah, noloshooduna waxay ku xirnayd xoolo-dhaqashadaa. Dhaqanka, siyaasadda iyo shaqaduba waxay ku xirneyd miyiga iyo noloshaa xoolo-raacatinnimada. Gabadhu waxay ku dhaqneyd deegaankaa dadku ku noolaa iyo miyiga, bulshadana waxay ku lahayd, sida raggaba, shaqo ama hawl la yaqaan. Raggu wuxuu qaban jirey hawlaha ad-adag ee inta badan xoogga u baahan, sida ilaalinta iyo difaaca reerka, dhaaminta, raridda reerka, sahminta, shubidda xoolaha, qodidda ceelasha, jidad-falidda, raacidda geela iyo lo'da iwm. Dumarku waxay lahaayeen shaqada hoose ee reerka, sameynta agabka guriga, dhisidda aqalka, korinta carruurta, raacidda ariga iwm.

"Hawshaa inteeda badan, ama afar-meelood saddex ka mid ah, dumarka ayaa qaban jirey. Waxaan la yaabaa oo aan la cajabaa oo aan weliba buug qoran ka waayey oo filim aan fiirsado ka waayey, guri dhisan oo dedkiisii leh oo tiirarkiisa leh oo daahiisii leh oo dadabkiisii leh, caanaha iyo biyaha wixii lagu cabbayey leh, gogoshiisii leh, dabshidkii leh, subagga iyo(biyaha) meeshii lagu shubayey oo hal walax oo ka mid ah aan bannaanka laga keenin. Hal walax oo ka mid ah oo odayga reerku sameeyey ma jiro, intaasba gabadha ayaa sameysey. Arrintaa haddii aan meel walba ka goobay, carab iyo cajamba, kuma arag cid kale". (Khaliif Askir, 2012).

Ummaddu waxay ahayd ummad aan waxna qorin, waxna akhrin, sidaa darteed ummad aan aqoon badan lahayn ah. Waxaa jirey dugsiyo Quraanka lagu barto oo bulshada waxtar weyn u lahaa, laakiin cidda nasiibka u leh oo fursaddaa ka faa'iideysta wuxuu ahaa wiilka. Gabdhaha ummaddoo ummi ah ayey ka sii hooseeyeen cilmi ahaan. Waxaa soo raacey culimo diinta taqaan oo sameeya goobo diinta lagu barto (xer), taana gabadhu qayb kuma lahayn.

Soomaalidu waxay isku dhaqan dhowaayeen carabtii hore, wax badan oo dhanka dumarka ahna waa iska saaweeyeen.

Ma dhicin, sidii ay carabtu yeeli jirtey, in gabdhaha la nolol-duugo, waxaase jirtey in laga jeclaa in wiil dhasho. Taas waxaa sabab u ah, sida ummadda dagaal-u-joogta ah, inay wiilka ku xisaabtamaan, una arkaan inuu dagaalka iyo difaaca reerka ka qayb-qaadanayo. Soomaalidu waxay ahaayeen xoolo-dhaqato mar walba ku dagaallama biyaha iyo baadka, cidda dagaalka gashaana waa ragga, taas ayaana keentay in loo arko in wiilku gabadha bulshada uga waxtar badan yahay.

Qaar ka mid ah qorayaasha reer Galbeedka ee Soomaalida wax ka qoray ayaa u ekeysiiya nolosha gabadha Soomaaliyeed tii Galbeedka ka jiri jirtay oo kale, taas oo ku dhisneyd awood-sheegadka, xadgudubka iyo addoonsiga. Waxay aad u buunbuuniyaan gefefka dhaqanka ka soo jeeda ee aan Diinta Islaamka sal ku laheyn ee ka dhaca deegaannada qaar. Waxay ka dhigaan inuu ninku sida uu doono ka yeeli karo xaaskiisa; inuu dili karo, silcin karo, saxariirin karo, sida uu doono ula dhaqmi karo, sokeeyaheeduna aanay dan iyo heello ka laheyn.[6] Taasi waxay ka soo horjeeddaa sida dhaqanka Soomaaliyeed ee wanaagsan uu u dhawro gabadha xaqeeda. Waxaa xadgudub weyn ah in gabar laga oohiyo, mararka qaarna waxaa dhici jirey dagaal lagu hoobto oo ay keentay gabar laga oohiyey. Arrimahaas oo dhan waxay ka muuqdaan bulshada dhaqankeeda, murtida iyo sheekooyinka la isku tabiyo. Mar walba ragga waxaa lagu boorriyaa inay dumarka u dulqaataan oo u nuglaadaan. Waa iyada lagu maahmaaho, "Haweeney nin u fiirsaday kama ilmadhalo", "haween ama u sabir ama ka sabir" iyo kuwo la mid ah. Intuba waxay muujinayaan oo boorrinayaan in dumarka loo dulqaato oo loo nuglaado. Dhanka kale, waxaa wiilka gabadha guursada lagu sagoontin jirey marka uu gabadha

6 I M Lewis (1998).

dhisanayo dardaaran ah inuu dhaqankeeda leeyahay ee aanu dhiiggeeda laheyn. Waa hadal digniin ah oo muujinaya inaan gabadhaa loo gacan qaadin. Ragga dumarka u daran waa la duraa, laguna ceebeeyaa, magacyada loo bixiyana waxaa ka mid ah "Xilagube". Waa tii gabar lagu xadgudbey ay keentay dagaal rag badani ku le'day sida uu muujinayo gabaygii Xaaji Axmed Fiqi kuna magacdheeraa Ilkadahab. isagoo u gooddinaya qolyo jid uga bixi waayey, muddana uu ka ergeynayey qori si gardarro ah looga qaatay. Wuxuu gabayga ku xusuusinayaa gardarrooyinkii geyiga soo maray oo ay ka mid aheyd dhibaato weyn oo dhulka loo yaqaan Ceelcad ka dhacday oo ay keentay gabar la faraxumeeyey. Waxaa gabayga ka mid ahaa tixdan:

Waa wixii qabaalkii jabiyo qoladi waagiiye.
Waa wuxuu Fidaar ugu qur go'ay qalabka kiisaahe.
Waxa Ceelcad qiiqu uga karay qaawin gabareede.
Wallee ama qumaataa jiroo qorigii la i siiye.
Ama qaylo iyo waawareey qowman ku abaade.
Oo labo qabiil oo is jecel qaraxday baaruuddu.

Rag boqol ku dhow ayaa u qurbaxay gabadhaa la faraxumeeyey. Dhaqanka Soomaalida gabar la faraxumeeyo waxay aheyd arrin aad u weyn, aadna ay u yareyd in la maqlo. Ninkii gabar kufsada kuma badbaadi jirin, ama waxa uu noqon jirey tuke canbaar leh oo cidina aanay la xididi jirin.[7] Gabadhu waxay aheyd qof la wada dhowro oo ehel iyo bulshaduba ay ilaaliyaan. Milgadeeda iyo nolosheeda oo lagu xadgudbo waxay ahaayeen khad cas oo aan la dhaafi karin.

Gabadhu marka ay inan ama gashaanti gaarto, waa marka loogu jecel yahay, looguna dhaqaale badan yahay. Timaha ayaa loo shanleeyaa, xoogaa subag ah haddii uu reerka yaallo

7 Axmed F Idaajaa. (2013).

waxaa la oran jirey, "Yaan la taaban subaggaa gabadha ayaa timaha loo marinayaa!" Haddii reerka laga helo wax suuqa la geyn karo hal neef oo ari, iyada ayaa maro looga soo bixin jirey. Haddii lagu xadgudbo, ama hadal qalloocin cidu tiraahdo rag ayaa u le'an jirey. Dagaallo lagu hoobtay ayaa waxaa sababi jirey gabar hadal xun la yiri. Haddii nin la dilo waxaa dhici jirtey in mag laga qaato, laakiin gabar la jaa'ifeeyey ayaa la isugu rogman jirey. Waxay ahayd boqorad uu nin kasta ilaaliyo. Xeer adag ayaa laga dhigay oo loo sameeyey xumeynteeda iyo waxyeelleynteeda. (Khaliif Askir, 2012).

Gabadhu markay guur gaarto waxay ku fekeri jirtey inay hesho nin ay la noolaato, awlaadna ay isku dhalaan, masruuf iyo marashona ay ka hesho. Marka ay dhibta badan iyo dheef-xumada badan mari jirtey waa marka ay lammaanaha noqoto. Soomaalidu waxay ku maahmaahdaa, "Gabadhaadu ninkii ay kuu keento waa nasiibkaa". Gabadha danteedu waxay ku jirtey inay la noolaato ninkii nasiibkeedu ku aaddiyey, ceeb ayeyna ahayd gabar la furay oo waxaa laga yaabaa inaanay helin cid dambe oo hunguriyeysa. Haddii ay inta carooto ay reerkoodii aaddo, waxaa lagu baryi jirey inay reerkeedii ku noqoto. Waxaa laga yaabaa gabadhu inaanay reerkii dhalay ku kordhin wax xoolo ah oo aan ka ahayn wixii yarad ahaa ee guurkeedii laga qaatay. Waxaaba laga yaabaa inay dib u soo ceshato wixii horey looga qaatay oo markii ay reerka tagtoba awr ayaa loo soo raraa.

Sidaa awgeed, gabadha reerkoodu waxay ku qasbanaayeen inay ku qalqaaliyaan inay gabadhu reerkeeda dhaqato iyagoo ka baqaya labo arrimood. Midda hore, waa magac xumo inay gabadhoodu garoobawdo, lagana yaabo inay sidaa ku guurbeesho. Dhanka kale, reerka waxay ku kordhinaysaa culays dhaqaale oo laga yaabo inaanu reerku maaro u hayn.

Si kastaba ha ahaatee, sidaas ayey gabadhu ku nooleyd, waxayna ahayd, haba liidatee dhanka bulshada iyo dhankeeda, nolol ay iska okobbaneyd, buuqna aanu ka jirin. Hawshu way kala qaybsaneyd, gabadhuse waxay ahayd lafdhabartii hawsha reerka iyo farsamo-yaqaankii sameynayey wax kasta oo reerka looga baahan yahay.

Xilligii Gumeysiga Iyo Dawladnimada Ka Dambeeyey

Gumeysigu markii uu yimid waxaa bilaabantay in dadkii magaalo soo galo, arrinkaasuna dhibkii ugu darnaa dumarka ayuu ku keenay. Raggii markii uu bartay tuulo-joognimada, waxaa gabadhii ku badatay hawshii, waxayna ku qasbanaatay inay qabato hawl ay raggu qaban jireen, sida inay dhaamiso, reerkana rarto. Rag badan ayaa noqday ciidankii ama ilaaladii gumeysiga, sidaana reerahoodii uga tagey, waxayna keentay dumar badani inay reerkii hooyo iyo aabbe u noqoto. Dumarka laftigoodu kama dambayne, waxay bilaabeen inay magaalooyinkii iyo tuulooyinkii soo galaan, oo ay raggii ka dabo-tagaan. Waxay guursadeen ilaaladii iyo raggii magaalada soo galay. Magaalo galkaasu wuxuu hoos u dhigay qiimihii, waxtarkii iyo sharaftii labada jinsi, gaar ahaan dumarkii. (Khaliif Askir, 2012).

Intaa waxaa dheeraa, dhaqankii gumeysiga oo saameyn weyn ku yeeshay bulshadii. Waxaa batay burburkii qoyska, waxaana soo galay kacdoonkii dumarka ee markaa Yurub qasayey. Gumeysiga qudhigiisu wuxuu watay siyaasadihiisa ku aaddanaa la dagaallanka diinta iyo dhaqanka. Dhul qabsasho keliya umaanu imane, waxaa u weheliyey mid taa uga muhiimsan, waana fidinta diintooda iyo dhaqankooda. Soomaaliya qaybteeda ayey ka heshay diin iyo dhaqan-roggii gumeysigu wadey, Soomaaliyana waxaa lagu eegay il gaar ah.

Waa dad isku diin, dhaqan, af, midab ah oo uu ka dhexeeyo wax walba oo Banii Aadam isku aanaysto. Ummad qab leh, kana duwan bulshooyinka ay isku qaaradda yihiin. Diinta Islaamka ama sinji hore oo ay ka dhiig-qaadanayaanba, gumeysigii wuxuu arkay dhaqankan qabka iyo dadnimada miiran ah. Shirkii dunida lagu qaybsanayey ee Jarmalka ka dhacay Soomaaliya si gaar ah ayaa farta loogu mudey.

Dagaalkii gumeysiga lagula jirey dumarku qaybtooda ayey ka qaateen, ka qayb-qaadashada ugu weynina waxay ahayd inay raggii u noqdaan saldhigga ay ka duulaan. Inta uu raggu maqan yahay kamaanay welwel qabin in reerka iyo carruurtu dayacmaan, taasina waxay muujinaysaa kartida iyo dadnimada gabdhaha Soomaaliyeed. Ha jiraan gabdho hubka qaaday, waxaase wax lama illoobaana ah garab istaaggii iyo dhiirrigelintii ragga ay har iyo habeen ula taagnaayeen iyo dagaalkii afka ahaa ee buraanburka iyo hadallada niyad dhiska ah isugu jirey. Waa iyada la yiraahdo, ninka iyo Jiilaalku waa hardamaan, hadba midka ay haweeneydu u hiilliso ayaana guuleysta. Ragga umaanay suurtowdeen inay gumeysi la dagaallamaan, af iyo addinba, haddii aanay haysan haweeney barbar taagan.

Xornimada markii la qaatay waxaa hoggaanka waddanka u qabtay dhallinyaradii ku soo barbaartay, kuna hano-qaaddey gumeysiga oo waddanka ka talinaya. Mid iskuul tagey, mid shaqaale u noqday iyo mid dabayshu soo gaartayba, waxaa aqoon u ahaa wixii gumeysiga laga dhaxlay. Aqoonta diintu waa yareyd, waxayna ku uruursaneyd goobaha kutubta laga raacdo. Cilmi dhagood ha la qabo laakiin cilmi diineed oo looga hortago dagaalkii baaxadda lahaa ee gumeysigu wadey maanay lahayn. Iskaba daaye, badidood waxaa ku dayasho iyo muuno u ahaa dhaqanka gumeysiga.

Dumarkii waxay nasiib u heleen inay wax barashadii ka qayb galaan, waxayna arrintaasu aad u xoog badneyd xilligii kacaanka. Afka markii la qoray ayaa dawladdii jirtey waxay qaadday olole ay ugu magacdartay la dagaallanka wax-qoris iyo akhrin la'aanta. Dedaal fiican ayuu ahaa, waxaase nabar darani ku dhacay dhaqankii wanaagsanaa ee diinta huwanaa ee ay bulshadu lahayd, gaar ahaan dumarkii. Gabadhii ay ceebta la ahayd inay ragga dhexfariisato ayaa inta surwaal loo geliyey wiilkii dhinaca ku qabatay. Waxaa yaraaday xishoodkii, waxaana batay xumaantii. Sidoo kale, goobihii shaqada ayaa raggii iyo dumarkii isugu tageen, waxaana calanka loo lulay fikraddii sinnaanta ragga iyo dumarka ee Yurub nooga timid.

Dawladdii kacaanku waxay si cad ugu dhawaaqday in ragga iyo haweenku siman yihiin, waxaana la sameeyey xeer qoysku leeyahay oo loogu magac daray, "Xeerka Qoyska". Wuxuu Kacaanku ku dooday inay haweeneydu xaq u leedahay inay hesho xuquuq la siman midda ninku helo, gaar ahaan dhanka waxbarshada, shaqada, dhaxalka iwm. Arrinkaasu wuxuu keenay buuq iyo kacdoon bulshada ah, gaar ahaan culimada oo aad uga hortimid qorshahan cusub. Dawladdii kacaanku waxay sheegtay in xeerkan cusub aanu ka hor imaneyn Shareecada Islaamka, waxaana loogu talagalay inuu haweeneyda ka saaro qoqobkii iyo faquuqii dhaqanka iyo caadadu ku hayeen, lalana jaanqaado fahamka casriga ah ee Diinta. Xeerkaa cusub wuxuu keenay in dad badan oo culimo u badan oo si toos uga horyimid xeerkaa, sheegayna in qodobbo ka mid ahi ay si cad Diinta Islaamka uga hor imaanayaan qaarkood la toogtay, qaarna xabsiyada loo taxaabay. Kacaanku wuxuu u cuskadey culimada la toogtey in kacdoonkooda dibadda laga soo abaabulay, halisna ku yihiin nabadgelyada iyo xasilloonida waddanka. Kacaanku wuxuu bilaabay inay dumarku ka muuqdaan jagooyinka sare ee dawladda, ciidammada ku biiraan. Waxaa loo sameeyey goobo iyaga gaar u ah oo ay isugu yimaadaan, goobo cibaado oo gaar ah, sida masjid iyaga gaar loogu sameeyey. Cabdiraxmaan Cabdullaahi Baadiyow (2017a).

Xeerka qoyska waxaa saldhig u ahaa xeerarkii ka soo baxay Qarammada Midoobey 1972 ee ku saabsanaa sinnaanta labada jaad ee ragga iyo dumarka. Dhammaan dawladihii xubnaha ka ahaa Qarammada Midoobey waxaa lagu tirtirsiiyey inay fuliyaan xeerkaa. Sannadkii 1975 waxaa loo aqoonsadey sannadkii dumarka ee caalamiga. Dawladdii Kacaanku isla sannadkii 1972 ee Qarammada Midoobey soo saartay xeerka sinnaanta ragga iyo dumarka ayey bilowday qorshaha dib-u-habeynta arrimaha qoyska. Waxa kale oo uu kacaanku bilaabay inuu dumarka wacyigeliyo, laguna xareeyo xeradii Xalane loona sameeyo guddi matala dumarka. Xuskii ugu horreeyey ee maalinta haweenka ayaa lagu qabtay garoonkii Koonis, waxaana lagu martiqaaday Golihii Sare ee kacaanka oo madaxweynuhu ku jiro. Kacaanku wuxuu u arkay inay tahay maalin ku habboon in la baahiyo xeerkii muddada laga soo shaqeynayey ee Xeerka Qoyska ee ay ku sheegeen in lagu hormarinayo oo lagu hagaajinayo xuquuqda haweenka. Madaxweynuhu wuxuu sheegay in laga bilaabo maalintaa ay ragga iyo haweenku siman yihiin, lagana gudbey xilligii sadbursiga.

Dawladdu waxay abaabushay isu-soo-baxyo lagu taageerayo, dhanka kalena culimo badan ayaa jimcihii xigay masaajidda ka kacay oo si aad ah u dhaleeceeyey xeerkan Diinta ka horimaanaya. Gudaha iyo dibaddaba taageero ayuu ka helay xeerkii cusbaa, dumar badanna waxay u arkeen inay heleen xuquuq badan oo ay raggu gaar isaga dhigi jireen. Haba jirto horumar dhanka waxbarshada, shaqada iyo xuquuqda qof ahaaneed oo ay dumarku heleen, haddana wuxuu la yimid dhibaatooyin hor leh oo dhanka bulshada iyo qoyskaba ah. Qoyskii wuxuu ka dhex abuuray kalsooni darro, reero badan ayuuna galaaftay oo ku dumay. Cabdiraxmaan Cabdullaahi Baadiyow (2017b).

Eeddaa ah in Kacaanku si cad ugu tuntay nusuus cad oo sheegaysa in ragga iyo dumarku aanay meel walba ka sinnayn, waxay keentay in madaxdii Kacaanku ay eedahaa iska leexiyaan oo ay ku doodaan inay doonayaan inay dumarka xuquuqdooda kor u qaadayaan ee aanay Diinta Islaamka ka soo horjeedin. "Marna kuma aannaan dhawaaqin, kumana aannaan fekerin inaan aayad Quraan ah beddelno. Waxa keliya oo aan jideynney waxay ahaayeen in xuquuqda asaasiga ah ee dumarka si wanaagsan loo ilaaliyo". Hadalkaa waxaa ku qawley Maxammed Siyaad mar la weydiiyey inay Diinta Islaamka meel uga dheceen markii ay qaateen fikirkii Galbeedka ee sinnaanta dumarka iyo ragga. Sidoo kale, kacaanku wuxuu ku dooday inay arrinkaa ka faa'iideysteen qolo ay u bixiyeen, "kitaab gaabyo," shacabkii iyo dawladdiina ay iska horkeeneen. Mar kale isagoo Siyaad Barre arrinkaa ka hadlaya ayuu yiri,. "Looma baahneyn in kitaab gaabyo markiiba la boodaan masalada sinnaanta ee waxaa loo baahnaa in la dhirin-dhiriyo oo meel la isla dhigo sidii culimmo miisaan culus lihi ay u rogrogi lahaayeen. Waxaa jirta in diintu sheegtay in dadku siman yahay oo waxa keliya oo lagu kala sarreeyaa ay tahay taqwada Alle. Xaggee taas lagu tuuray? Annagu marna maannu diidneen wixii culimmadayadu isku raacdo, ee waxaannu diideyney dabar-la-boodyo fitno-wadayaal ah oo qori dab ah la wareegaya". (Khaliif Askir, 2012).

Arrinkaasu wuxuu keenay in barqo cad Toban wadaad oo ka gilgishay arrinkaa sinnaanta ah unuunka laga jaro oo dhegta dhiigga loo daro. Waxay ahayd masiibo ballaaran oo dadku, yar iyo weynba, ay dareemeen. Masiibadaa waxaa gundhig u ahaa masalada sinnaanta. Waxaad mooddaa inay foodda is dareen kacaan seeftiisu galka ka baxsaneyd oo ku andacoonaya inay dadka xuquuqdooda simayaan, dumarkana dulmiga ka dulqaadayaan iyo culimmo rabtey inay diinta u gargaaraan oo arrintaa ka dhiidhiyey.

Xaalku isagoo sidaa yahay, saxwadii xilligaa soo baxdayna laga helay xoogaa saxansaxo ah, dad badanina ay ku baraarugeen ayaa tii dheeraydu dhacday. Waa iyadii dawladdii buburtay, dakiina maqrib iyo mashriq u kala dhaqaaqay oo la kala irdhoobey. Dhibkii dhulka qabsadey ayey dumarkuna qaybtooda ka qaateen, waxaase soo ifbaxay xoog dumarka soomaaliyeed ku qarsoonaa oo ay boorka ku rogtey ilbaxnimadii gumeysigu horkacayey. Waa innagii sheegnay inay dumarka Soomaaliyeed ahaayeen warshadda wax soo saarka ee qoysku lahaa, walax kasta oo loo baahan yahayna ay gacanteeda ku sameyn jirtey.

Markii dagaalladii sokeeye xumaadeen, raggiina ay noqdeen mid qoriga qaata, mid meel uu wax ka qabto intuu waayey bay-hoofay, koox yar oo magac "Wadaad" loogu yeero dedaal badanna muujiyey, aanse dad badani garowsho ugu hayn iyo xoolo-mabaddar darbiyada qaad la fadhiya, waxaa qoyskii u soo baxay dumarkii. Qayb badan oo dumarka ka mid ah ayaa dhabarka u ritey wixii masruuf iyo marasho reerku u baahnaa.

Qoladii qaxa ku tagtay galbeedka waxay noqdeen kuwo laga faa'iideysto, aanse iyagu isu rooneyn. Dunidii ay tageen waxay gaarsiiyeen dacwo aan hore looga aqoon. Gabdhahayagii xijaabnaa waxay goob walba la tageen xijaabkii, waxayna diideen inay dhigaan. Taasi waxay keentay ummado qarniyo deggenaa, horena arrintaa ugu dhiirran waayey inay ku daydaan. Dhanka kale, waxaa lala falgalay dhaqankii Galbeedka yaalley, qolo walibana saami ayey ka qaadatay. Waa taa aynu hadda marayno in dumarkeennii qayb ka mid ahi u ololeynayaan inay fadhiga ka kacaan oo ay loollanka siyaasadeed ka qayb galaan. Qaybaha dambe ee buugga ayaan ku sheegi doonnaa sida ay qaati u taagan yihiin gabdhihii galbeedka oo faraskii sinnaanta ee ay fuuleen ilaa hadda xakameyn la'.

QAYBTA SADDEXAAD

XUQUUQDA ISLAAMKU SIIYEY HAWEENEYDA

ISLAAMKU WUXUU kareemeeyey insaanka, wuxuuna ka sare mariyey noolaha kale. Karaameyntaa Alle karaameeyey wuxuu ku mutaystay in hoggaamiye dunida looga dhigo. Alle wuxuu kitaabkiisa ku yiri:

﴿وَلَقَدْ كَرَّمْنَا بَنِيٓ ءَادَمَ وَحَمَلْنَٰهُمْ فِى ٱلْبَرِّ وَٱلْبَحْرِ وَرَزَقْنَٰهُم مِّنَ
ٱلطَّيِّبَٰتِ وَفَضَّلْنَٰهُمْ عَلَىٰ كَثِيرٍ مِّمَّنْ خَلَقْنَا تَفْضِيلًا﴾

"Dhabbaannu u sharrifnay Banii Aadamka, waxaanan ku xambaarnay berriga iyo baddaba, waxaanan ku arsaaqnay wanaag, waxaanan ka fadilnay wa x badan oo ka mid ah waxaan abuurnay fadilaad"
Qur'aan Suurah al-Israa 17:70

Dabari wuxuu ku yiri tafsiirkiisa, "Wuxuu Alle ku karaameeyey inuu ku sallado noolaha kale, uuna u sahley isticmaalkooda oo ay gaadiid ka dhigtaan bad iyo berriba. Waxa kale oo uu noolaha kale la dheeraysiiyey inay gacmahooda ku shaqeystaan, wax ku cunaan waxna ku cabbaan, arrinkaasna looma fududeyn noolaha kale ee aan iyaga ahayn".

Aaluusi wuxuu isna tafsiirkiisa ku yiri, isagoo isla aayadda fasiraya, "Alle wuxuu la dheeraysiiyey aadanaha noolaha kale waxyaabo abuur ah sida caqliga, hadalka, wax qoridda, muuqaalka wanaagsan iyo sare-joogsiga toosan. Kaddib, iyagoo caqligooda iyo garashadooda adeegsanaya, waxaa Alle u fududeeyey inay ku kasbadaan caqiido sax ah iyo akhlaaq wanaagsan. Arrinka hore waa karaameyn, midka dambena waa dheeraad-siin. Waxay la mid tahay iyadoo la yiri, waxaan dheeraad idinku siinnay inaan idin tusno inaad kasbataan wixii aad ku bedbaadi lahaydeen adinkoo u adeegsanaya wixii aan idinku karaamayney oo caqli ah. Waxay mudan yihiin inay ka mahad-celiyaan oo ay u adeegsadaan wixii iyaga loo abuuray sidii loogu abuuray, Allena ay cibaadada u keliyeelaan oo aanay cidna la wadaajin oo ay ka leexdaan waxa ay ku jiraan oo ah inay cid kale caabudaan".

Karaamadaa banii'aadamka la karaameeyey waxay ku dhacaysaa mid muumin ah iyo mid caasi ah, mid muslim ah iyo mid gaal ahba, mid cad mid madow, lab iyo dheddig. Shiikh Maxammed Cadiyah wuxuu ku yiri sharraxa kitaabka Buluuqul maraam, isagoo sharxaya xadiiskan:

"أنه كان إذا مرت جنازة قام، فقام ذات مرة فقيل: يا رسول الله! إنها يهودية! قال: أليست نفساً منفوسة"

"Istaaggaasu waa weyneyn nolosha iyo dhimashada, haba ahaado meydku yuhuudi, nasraani ama majuusi, waayo farqi uma dhexeeyo isaga iyo midka muslimka ah xagga abuurka. Muslinnimada iyo gaalnimadu waa arrin qalbiga ah, laakiin qaabkan ay hadda yihiin waa siman yihiin, wax kala duwanaan ahi uma dhaxayso. Waa ahaansheheeda naf la afuufay oo Alle abuuray, haddana geeriyootey, xaalkeeduna is beddeley, kan istaagayaana wuxuu u istaagayaa weyneyn iyo karaamayn Allihii abuuray, haddana nafta ka siibey".

Sidoo kale, karaamayntaasi ma lahan jinsi gooni ah, rag iyo dumarba way ka dhaxaysaa. Shiikh Cabdimuxsin Al-cabbaad wuxuu ku sheegay Sharaxa Sunanu Abii Daa'uud juska labaad, isagoo sharaxaya xadiiska:

"إن النساء شقائق الرجال"

"Asalku waa inay ragga iyo dumarku u siman yihiin axkaamta, xukunkii ku soo aroora ragga dumarkuna waa soo gelayaan in la helo wax muujinaya in xukunkaasu gaar u yahay ragga ama dumarka mooyaane".

Waxaan soo tilmaannay sida ay ahayd haweeneydu ilbaxnimadii iyo diimihii hore iyo noloshii adkayd ee ay ku noolayd. Waxaan soo aragnay sida dumarka loo dulmiyey, loogana qaaday sharaftii uu Alle siiyey, ilaa la gaarey in hadal laga keeno in lagu tiriyo banii'aadamka iyo in kale. Awood umaanay lahayn haweeneyda xilligaa noolayd inay ka gilgilato ama ka dhiidhido dulmigaa lagu hayey, loomana oggoleyn inay ka hadasho. Waxay ku qasbaneyd inay iska aqbasho wixii xaq ah ee ay raggu u gartaan.

Islaamku markii uu yimid wuxuu la yimid isbeddel dhan walba ah. Wuxuu la yimid isbeddel xagga caqiidada ah, isbeddel xagga cibaadaadka ah, mid xagga akhlaaqda ah, mid dhanka xuquuqda iyo waajibaadka ah. Wuxuu la yimid caddaalad iyo inuu dadka ka saaro mugdiga una saaro iftiinka, wuxuu dadka baray wanaagga, wuxuuna toosiyey ama turxaan bixiyey aragtiyadii jirey ee ku dhisnaa is-addoonsiga iyo isu-xoog-sheegashada. Gaar ahaan wuxuu u soo celiyey dumarka xuquuqdoodii iyo sharaftoodii lagu tuntay, wuxuu jaangooyey booska ay bulshada ku leedahay, wuxuuna saaray waajibaad iyo hawl ku habboon abuurkeeda iyo tabarteeda. Wuxuu meesha ka saaray ku-tagrifalkii ragga, wuxuuna siiyey cod iyo awood ay uga hortagi karto xadgudubka lagu sameeyo iyo jid ay ku raadsan karto xuquuqda ka maqan.

Islaamku haweeneyda wuxuu siiyey xuquuq ay waajib tahay in loo fuliyo. Wuxuu siiyey xuquuq diineed, xuquuq waalidnimo, mid qof ahaaneed, mid korin iyo ababineed, mid dhaqan, mid masruuf, mid waxbarasho, mid doorasho, xuquuq shaqo iyo maaliyadeed, iwm. Wuxuu u sameeyey xayndaab adag oo aan looga soo dhici karin, ilaalin adagna waa u yeelay sidii loo dhawri lahaa sharafteeda iyo xuquuqdeeda. Af ahaan iyo addin ahaanba, wuxuu ka dhigay sharafteeda mid lama taabtaan ah, wuxuuna u dejiyey ganaax iyo ciqaab adag ciddii xadgudub ku sameysa.

Xaqeeda qof ahaaneed

Islaamku wuxuu dhawray gabadha xaqeeda qof ahaaneed iyo middeeda nololeed. Wuxuu xaaraameeyey nolol-duuggii gabdhaha lagu sameyn jirey. Wuxuu caayey oo canbaareeyey in laga naxo dhalashada dumarka oo la xumo-saadsado. Wuxuu caddeeyey in sharafta iyo kala sarreynta dadka ay ku timaaddo cabsida Alle ee aanay ku iman ragannimada ama dumarnimada. Aayad Qur'aan ah Alle wuxuu ku yiri:

﴿يَـٰٓأَيُّهَا ٱلنَّاسُ إِنَّا خَلَقْنَـٰكُم مِّن ذَكَرٍ وَأُنثَىٰ وَجَعَلْنَـٰكُمْ شُعُوبًا وَقَبَآئِلَ لِتَعَارَفُوٓاْ ۚ إِنَّ أَكْرَمَكُمْ عِندَ ٱللَّهِ أَتْقَىٰكُمْ ۚ إِنَّ ٱللَّهَ عَلِيمٌ خَبِيرٌ﴾

"Dadow, waxaan idinka abuurnay lab iyo dheddig, waxaanan idinka yeelnay shucuub iyo qabiilooyin si aad isu aqoonsataan. Ruuxa idiinku sharafta badan Eebbe agtiisa waa kan idiinku dhawrsasho badan, Eebbana wax walba waa ogyahay"

Qur'aan Suurah al-Xujaraat, 49:13

Ibnu Kathiir markii uu aayadda fasirayey wuxuu tafsiirkiisa ku yiri, "Dadka oo dhan xagga sharafta waa isaga mid marka loo eego abuuriddii Aadam iyo Xaawo laga abuuray dhoobada, laakiin waxay ku kala sarreeyaan oo ku kala sharaf badan yihiin waa xagga diinta oo ah yeelidda Alle iyo raacidda rasuulkiisa. Sidaa darteed, Alle markii uu reebay xanta iyo quursiga dadku isquursadaan ayuu aayaddan sheegay isagoo baraarujinaya banii'aadamku inay dad ahaan siman yihiin".[8]

Sidaas oo ay tahay Islaamku ma diidin inay jirto kala duwanaan xagga abuurka ah, haddii ay noqon lahayd jir ahaan ama dabeecad ahaan, arrinkaasuna hoos u dhigi maayo sharafta iyo xuquuqda uu jinsi walba leeyahay. Kala duwanaantaasi waa midda keentay in jinsi walba loo yeelo shaqo gaar u ah oo isaga mooyee aanu kan kale qaban Karin ama ay ku adag tahay. Sidoo kale, in loo yeelo qaab-dhaqan gaar ah oo jinsi walba dabeecaddiisa ku habboon.

Nabigu (ﷺ) isagoo ka hadlaya dabeecadda dumarka iyo sida habboon in loo maareeyo ayuu xadiis ku yiri,

"ان المرأة خلقت من ضلع لن تستقيم لك على طريقة فإن استمتعت بها استمتعت بها وبها عوج وإن ذهبت تقيمها كسرتها وكسرها طلاقها"

"Haweeneyda waxaa laga abuuray feer, sinabana kuuguma toosayso, haddii aad ku raaxaysato waxaad ku raaxaysan iyadoo qalloocan. Haddii aad damacdo inaad toosiso waad jebin, jebintooduna waa furiddeeda."[9]

"استوصوا بالنساء خيرا فإنهن خلقن من ضلع وإن أعوج شيء

8 Ibnu Kathiir Ismaaciil Bin Cumar (1999).

9 Saxiixu Muslim sharaxa nawawi, baabu wasiyatu nisaa'.

في الضلع أعلاه فإن ذهبت تقيمه كسرته وإن تركته لم يزل أعوج
فاستوصوا بالنساء»

"Dumarka wanaag u dardaarma, sababtoo ah waxaa laga abuuray feer, meesha feerta ugu qalloocanina waa dusha. Haddii aad damacdo inaad toosiso waad jebin, haddii aad iska deysana qalloocu kama baxayo. Dumarka u dardaarma khayr."[10]

Shiikh Nawawi isagoo xadiiska sharxaya wuxuu yiri, "Xadiiska waxaa laga qaadanayaa in loo nuglaado dumarka, loo wanaag sameeyo, loona dulqaato qallooca dabeecaddooda iyo suurto-galnimada caqli-gaabnidooda iyo necbaanta furitaankooda sabab la'aan iyo sidoo kale inaan la rajeyn toosnaantooda".[11]

Axaadiistu waxay ina tusinayaan dabeecadda dumarka iyo sida habboon in loola dhaqmo. Waxay diintu muujinaysaa in dabeecadda haweenku ay u baahan tahay dabacsanaan iyo nuglaan ee aanay ku daawoobin adadayg iyo qallafsanaan.

Waxaa jira astaamo gaar ah oo lagu tilmaamo dumarka, astaamahaasina ma muujinayaan dhimmanaan iyo hoosayn inkastoo qaarkood ay tilmaan fiican iyo mid xunba yeelan karaan. Dumarka waxaa lagu tilmaamaa sifada xishoodka, waana tilmaan fiican oo inta badan aan ka harin haweenta. Waa sifo raggu la wadaago laakiin waxay ku xoog badan tahay dumarka. Waa sifo gaashaan uga aha xumaan oo dhan iyo wixii sharafteeda wax u dhimaya.

Waxa kale oo dumarka lagu tilmaamaa inay jecel yihiin is qurxinta, kuna jilicsan yihiin garnaqsiga. Faadumo Cumar (1995) waxay tiri, "Xirashada dahabka iyo isqurxinta waa

---

10 متفق عليه

11 Abuu zakariyaa Annawawi (1392).

tilmaan wanaagsan oo raggu jecel yahay, waana arrin wanaagsan oo la xiriirta nolosha koonka. Tabar-darrida xagga doodda, Alle wuxuu dumarka ku abuuray tilmaamo jir iyo naf ahaaneed oo ku habboon hawsha la siiyey, sidaa darteed waxaa muuqda in tilmaantaasi tahay mid ku lammaan hawshaa la siiyey, halka lagu abuuray jileec, laab-lakac, dareen adag, falcelin degdeg ah, taas oo ka yeelaysa kuwo tabardaran marka ay doodayaan. Dareen-wadayaasheeda (nerve) ayaa isku qasmaya, waxaana badanaya dareenka qalbigeeda, arrinkaas oo sababaya inay garta seegto, dooddana ku tabar darraato. Tilmaantaasi waa mid ku lammaan hawsheeda oo ah hooyannimada, ilaa uu Nabigu (ﷺ) ku magacaabey qaruurad isagoo uga jeeda qalbi-jileecooda, dabacsanaantooda iyo dareenkooda fudud.

Haweeneydu waa jilicsan tahay, qalbi-jab dhow dahay, hiyikic dhow dahay, jir ahaanna jilicsan tahay. Sifadaasi waa mid dumarka lagu jecel yahay, ragguna uu ka helo, wuxuuna dareemaa ka sarreyntiisa, awooddiisa ayeyna kordhisaa, wuxuuna ku farxaa marka uu dareemo tabar-darrideeda iyo inay isaga u baahan tahay, wuxuuna ku farxaa inay isaga u soo dabacdo, soona magan gasho. Dabeecadda ragga waxaa lagu yaqaan inuu jecel yahay inuu ahaado mid qawi ah oo wax ilaaliya, waxna la raaciyo. Ma ahan dabeecadda Qur'aanka inuu hoos u dhigo booska haweenka, kaddib markii uu sugay dadnimadeeda iyo inay ehel u tahay culaysyada (التكاليف) sharcigu saaray"

Arrinkaa iyo qalbi-jileeca dumarka waxaa muujinaya xadiiska nabiga (ﷺ):

"يا أنجشة رويدك سوقك بالقوارير وفي رواية ويحك يا أنجشة رويدا سوقك بالقوارير"

***"Anjashow, ka tartiibi kaxayntaada qaruuradaha. Riwaad kale, war hooge Anjashow, ka tartiibi kaxayntaada quruuradaha"*[12]**

Shiikh Nawawi wuxuu yiri, markii uu sharraxayey xadiiska, "Qaruurad waxaa loogu magacaabay go'aan jileecooda iyagoo shabbaha qaruuradda jileeceeda iyo sida ay fudayd ugu jabto. Culimadu labo macne ayey ku macneeyeen. Midda hore, Anjasha wuxuu ahaa nin cod qurxoon, waxaana looga baqay inuu fitneeyo oo heestiisu ay qalbigooda ku dhacdo. Tafsiirka labaad, geelu haddii uu heesta maqlo xoog ayuu u socdaa, waxaa loo diidayey inay dumarku ku dhibtoodaan, sababtoo ah dumarku waa ku tabar-darreeyaan ruxruxidda badan, waxaana laga baqayaa inuu dhib soo gaaro ama ay gaadiidka ka dhacaan".

Calaamadaha dumarka lagu sheego waxaa ka mid ah dhagarta oo waxaa lagu duraa inay dhagar badan yihiin. Sideedaba dhagartu xumaan ma wada noqoto, mararka qaarna ammaan ayey noqotaa. Dhagarta iyo magriga xilliga dagaalka gaalada lagula jiro waa la ammaanay, waxaana lagu sheegay inuu yahay tab iyo xeelad uu dagaalku u baahan yahay. Quraanku wuxuu sheegay in dhagarta dumarku ay tahay mid weyn, wuxuuna dhagartooda ka sare mariyey midda shaydaanka.

﴿فَلَمَّا رَءَا قَمِيصَهُۥ قُدَّ مِن دُبُرٍ قَالَ إِنَّهُۥ مِن كَيْدِكُنَّ إِنَّ كَيْدَكُنَّ عَظِيمٌ﴾

"Markuu arkay (ninkeedii) qamiiskii Yuusuf oo gadaal ka go'an, wuxuu yiri, 'Taasu waa dhagartiinnii, dhagartiinnuna waa weyn tahay"
Qur'aan Suurah Yuusuf, 12:28

12 Saxiixul Muslim, Sharaxa Nawawi,
باب رحمته صلى الله عليه و سلم النساء والرفق بهن

Faadumo Cumar (1995) waxay sheegtay in aayaddan iyo kuwa la midka ahi ay muujinayaan sida dumarku qalbiga ragga u dagaan iyadoo ka gelaysa meelaha uu ka jilicsan yahay, ku dagaysa quruxdeeda, kuna soo jiidaynaysa hadalkeeda. Qalbigiisa waxay ku abuuraysaa culays, waxayna ku keeneysaa daal, kaddibna dabinka ayuu ugu dhacayaa. Sidaas darteed nabi Yuusuf | wuxuu Alle ka nabadgelayaa, kana dalbanayaa inuu ka badbaadiyo dhagartooda isagoo ka baqaya inuu dhib ku dhaco, ama dabinkaa uu ku dhaco, Allena waa ka aqbalay. Arrinkaa dhagartu ma ahan mid ceeb ku ah dumarka ee waa mid ku laran abuurkeeda oo aanay iyadu kasban.

Xaqeeda korin iyo barbaarineed

Islaamku waxa kale oo uu gabadha xaq u siiyey masruufkeeda iyo wixii ay ku noolaan lahayd, wuxuuna waajib uga dhigay ragga. Laga bilaabo dhalashdeeda ilaa ay ka geeriyoonayso marashadeeda iyo masruufkeedu wuxuu dusha u saaran yahay ragga. Weliba Islaamku wuxuu ajar dheeraad ah u yaboohay qofka si wanaagsan u koriya gabadha. Halka waagii hore dhalashadeeda laga nixi jirey, wuxuu Islaamku boorrinayaa in lagu farxo oo qofkii ay gabaru u dhalato uu ku xisaabtamo inuu helay fursad uu ajar ku dalbo, arrinkaasuna wuxuu meesha ka saarayaa nicitaankii la nici jirey dhalashada gabadha, taas oo keeni jirtey inaan xil la iska saarin korinteeda. Nabigu (ﷺ) wuxuu xadiis ku sheegay in qofkii labo gabdhood koriya ilaa inta ay ka qaangaarayaan uu qiyaamaha imanayo isagoo Rasuulka (ﷺ) la socda.

”من عال جاريتين حتى تبلغا جاء يوم القيامة أنا وهو وضم اصابع“[١٣]

13 Abuu zakariyaa Annawawi (1392).

Wuxuu xadiisku boorrinayaa in lagu dedaalo korinta iyo barbaarinta gabdhaha ilaa inta ay ka qaangaareyso. Macnuhu ma ahan in markii ay qaangaarto faraha laga qaadayo, waxaa sidaa loo leeyahay iyadoo la ogyahay inay u badan tahay inay gabadhu guursato markii ay qaangaarto, markaana masuuliyaddeedu waxay ku wareegaysaa ninkeeda.

Xaqeeda guurka

Xuquuqdii ay heshay gabadha muslimadda ahi waxaa ka mid ahaa inay doorato qofkii ay nolosha la qaybsan lahayd oo ay reer wada dhisi lahaayeen, amaba ay diidi karto ciddii loo soo jeediyo, halka Islaamka ka hor ay ahayd badeeco uu ninku leeyahay, ciddii uu doonana uu ka iibiyo. Islaamku wuxuu caddeeyey, isagoo la dagaallamaya caadadaas xun, inaanu guurku ansax noqoneyn in la helo oggolaanshaha gabadha mooyaane.

Nabigu (ﷺ) isagoo arrinkaa caddeynaya ayuu sheegay inay waajib tahay in gabadha oggolaansho laga helo marka nin loo guurinayo, haddii ay diiddana aan lagu qasbi karin. Dhanka kale, wuxuu Nabigu (ﷺ) caddeeyey inaanay gabadha qudheedu meherka gaar la noqon karin iyadoon waalidkeed ogeyn. Wuxuu ka dhigay arrin ay wadaagaan gabadha iyo waalidku, una baahan in laga showro, lagana wada fiirsado ninka cusub ee reerka xididka la noqonaya. Wuxuu Nabigu (ﷺ) xadiis ku yiri:

"لا تنكح الأيم حتى تستأمر ولا تنكح البكر حتى تستأذن قالوا يا رسول الله وكيف اذنها قال أن تسكت) وفي رواية الايم أحق بنفسها من وليها والبكر تستأذن في نفسها وأذنها صماتها وفي رواية الثيب أحق بنفسها من وليها والبكر تستأمر وأذنها سكوتها وفي رواية والبكر

يستأذنها أبوها في نفسها وأذنها صماتها.»

"Garoobka lama meherin karo iyadoon fasixin, ugubkuna aanay oggolaan. Waxay yiraahdeen (saxaabadu) rasuulkii Ilaahayow, oggolaanshaheedu waa sidee? Wuxuu yiri waa inay aamusto. Riwaayad kale, garoobko iyadaa nafteeda kaga xaq badan weligeeda, ugubkuna waa la oggolaansho weydiinayaa, oggolaanshaheeduna waa aamuskeeda. Riwaayad kale, garoobku iyadaa nafteeda weligeeda kaga xaq badan, ugubkana waa la oggolaansho weydiinayaa, oggolaansheheeduna waa aamuskeeda. Riwaayad kale, ugubka aabbeheed ayaa oggolaansho weydiinaya, oggolaansheheeduna waa aamuskeeda"[14]

Isla Iimaam Nawawi isagoo si gaar ah u faahfaahinaya jumlo xadiiska ku jirta ee ah (garoobku iyadaa nafteeda kaga xaq badan weligeeda) ayaa wuxuu yiri, "Waxaad ogaataa kalmadda "uga xaq badan" waxay muujinaysaa wax wadaag, macnuhuna waxaa weeye inay gabadhuna xaq ku leedahay guurkeeda, weliguna xaq ku leeyahay guurkeeda, laakiin xaqeeda ayaa ka xoog badan xaqiisa. Haddii uu weligu doono inuu u guuriyo qof u qalma, iyaduna ay diiddo laguma qasbayo, haddiise ay iyadu doonto inay guursato qof u qalma oo uu weligu diido waa la qasbayaa".

Iimaam Nawawi, isagoo xadiiska sharxaya, wuxuu gabogabadiisa ku yiri, "sida saxiixa ah ee ay culimada badankeedu ku tageen waa in aamuska (ugubka) uu ku filan yahay cid kasta oo arrinteeda haysa (aabbeheed, awowgeed, iwm) sida guud ee uu xadiisku muujinayo, xishoodkeeda darti, laakiin garoobka waa lagama maarmaan inay hadasho, iyadoon (hadliddaa) culimadu isku diidaneyn, qofka arrinkeeda haya aabbeheed ama cid kaleba ha noqoto, waayo xishoodkii badnaa waxaa ka saaraya rag la dhaqankeedii hore".

Xadiisku wuxuu muujinayaa inay haweeneydu, garoob

---

14 Abuu zakariyaa Annawawi (1392).

iyo ugubba, ay heli karto inay diiddo qofkii aanay guurkiisa dooneyn, aabbaha ama cidda arrinkeeda haysaana aanay xaq u lahayn inay ku qasbaan ciddii aanay rabin. Haddii waalidka ama cidda gacanta ku haysaa ay guuriyaan iyagoon garoobkana hadal ka hayn, ugubkana oggolaansho guurkaas wuxuu ku xirnaanayaa haweeneyda haddii ay doonto way diideysaa, markaana guurkii waxba-kama-jiraan ayuu noqonaya, haddii ay doontana way yeelaysaa, sidaa ayuuna ku ansaxayaa.

Arrinkaa waxaa caddeynaya axaadiis Nabiga (ﷺ) ka sugnaatay. Abuu Bariira aabbihi wuxuu ka weriyey in gabar Nabiga (ﷺ) u timid iyadoo ka sheeganaysa in aabbeheed uu ina adeerkeed u guuriyey iyadoo diiddan, kaddibna Nabigu arrinkeedii iyaduu u celiyey. Gabadhii waxay tiri, "Waan aqbalay waxa aabbahay sameeyey laakiin waxaan rabey inay dumarku ogaadaan in aabbuhu aanu arrinkooda waxba ku lahayn". [15]

Xadiis kale oo ku soo arooray Saxiixul Bukhaari ayaa sheegaya in haweeney garoob ah oo la oran jirey Khansaa uu aabbeheed nin u guuriyey, iyaduna ay diiddey. Rasuulka (ﷺ) ayey u timid, guurka arrinkiisiina iyada ayuu u celiyey.[16]

Labada xadiisba waxay muujinayaan in ansixinta guurka ay ku xiran tahay gabadha, haddii ay diiddana uu guurku waxba-kama-jiraan noqonaya, haddii ay oggolaatona uu sax noqonayo. Arrinkaasu wuxuu meesha ka saarayaa dhaqanka aadka u foosha xun ee dad badani ku dhaqmaan oo ah in gabadha lagu jujuubo cid aanay raalli ka ahayn, meelaha qaarna waxaaba ka dhacda in, inta xarig ama katiinad lagu jebiyo ninka guriga loogu dhex qabbiro.

---

15 Mohammed Naasiruddiin Al-albaniyi,(1405).

16 Ibnu xajar Al-casqalaani (1379-Jus 9).

Xaqeeda waxbarasho

Islaamku wuxuu dadka ku booriyey cilmiga, wuxuuna sare u qaaday dadka aqoonta leh, aayado badan iyo axaadiis badanna waxay caddeeyeen dheeraadka ay leeyihiin dadka aqoon-yahanka ahi. Islaamku labada jinsi ma kala saarin, mid walbana si isla mid ah ayaa loogu boorriyey inay aqoon raadsadaan. Islaamka ka hor, sidaan soo xusnay, gabadhu qayb kuma lahayn waxbarashada, loomana arkayn inay xaq u leedahay. Islmaaku wuu la dagaallamay arrinkaa, welibana si gaar ah ayuu u ammaanay korinta iyo waxbaridda gabadha. Nabigu (ﷺ) wuxuu yiri:

"من كانت له جارية فأدبها فأحسن أدبها وعلمها فأحسن تعليمها ثم أعتقها وتزوجها فله أجران» " صحيح وضعيف سنن ابن ماجة للألباني.

"Ruuxii leh addoon oo ababiya, si fiicanna u ababiya, waxbara si fiicanna wax u bara, kaddibna inta xoreeya guursada labo ajar ayuu leeyahay"

Xadiisku wuxuu si cad u muujinayaa sida uu Islaamku xoogga u saaray tarbiyeynta iyo waxbaridda gabadha. Haddii sidaa la leeyahay gabadhii addoonta kuu ahayd, sidee ayaa xaqeedu noqonayaa middii aad dhashay, ku dhashay, kula dhalatay, ama kuu dhaxday!

Sidee ayaanu Islaamku xoogga u saarin iyadoo gabadhu tahay warshaddii soo saareysey ummadda, madarisadii iyo macallimadii ilmaha waxbareysey xilliga ay waxbariddiisu ugu dhibka badan tahay. Waa qofkii soo saarayey, soona ababinayey hoggaamiyayaashii mustaqbalka. Waa xaqiiq xikmadda oranaysa, nin kasta oo qiimo leh waxaa ka dambaysa hooyo. Qof kasta oo garasho leh wuxuu og yahay inay hooyadu tahay laf-dhabartii qoyska, la'aanteedna aanu istaagi karin. Ruuxa qiimahaas bulshada ku leh, kaalintaa wax-ku-oolka ahna ka qaadata sidee ayaa loo fududeystaa waxbarashadeeda! Gabadha haddii la diyaariyo waxay soo saaraysaa bulsho wanaagsan, haddii la baylihiyo oo aan la daryeelinna waxaa soo baxaysa bulsho indho xiran oo aan Aakhiro iyo Adduunba waxba ku oollin.

Dumarkii saxaabadu kama qataneyn cilmigii Nabiga (ﷺ), cid ka horjoogsan jirteyna maanay jirin. Maalin gooni ah oo aanu raggu waxba ku lahayn ayey cilmiga ka qaadan jireen. Gabadhu, sida ninka, ayaa la saaray waajibaad sida salaadda, soonka iyo wixii la mid ah. Iyada ayaa laga doonayaa inay barato wixii ay ku cibaadeysan lahayn, arrinkaasuna inay cilmi raadsato ayuu u baahan yahay.

Xaqeeda shaqo

Xuquuqda uu Islaamka dumarka u soo celiyey waxaa ka mid ah inay shaqeysan karto, shaqadaas oo ah mid ku habboon abuurkeeda, sharafteeda, karaamadeedana aan waxba u dhimeyn. Haddii ay haweeneydu ka maarmi waydo inay dibadda shaqo ugu baxdo Islaamku kama horjoogsan. Taa waxaa muujinaya xadiis uu Jaabin Bin Cabdillaahi uu warinayo, wuxuuna leeyahay,

"طلقت خالتي فأرادت أن تجذ نخلها فزجرها رجل أن تخرج فأمرها النبي (ﷺ) فقال بلى فجذي نخلك فإنك عسى أن تصدقي أو تفعلي معروفا" إرواء الغليل للالباني.

"Habaryartay ayaa la furay, markaas ayey damacday inay timirteeda soo goosato, nin ayaa ku canaantay inay baxdo, markaas ayuu Nabigu (ﷺ) amray oo yiri, gooso timirtaada waxaa la arkaa inaad wax sadaqaysato ama aad wanaag sameysee"[17]

17 Maxammed Naasiruddiin Al-Albaaniyi (1985).

Xadiisku wuxuu muujinayaa in haweeneydu ay u bannaan tahay inay dibadda ka soo shaqeysato haddii ay dantu ku kallifto. Haweeneyda arrinku ku dhacay waxay ku jirtey ciddo, gabadha ciddada tirsanaysaana way ka duwan tahay midda aan ciddada ku jirin, sababtoo ah waxaa la faray inay gurigeeda ku negaato. Mar haddii gabadhaa loo fasaxay inay dibadda ka soo daneysato, waxaa ka mudan midda aan ciddada ku jirin. Sidaa darteed, Islaamku guud ahaan ma reebin inay gabadhu dibadda ka shaqeyn karto laakiin waxaa ku xiran shuruudo.

Waa inaanay ka dhalaneyn inay dayacanto hawsheedii asalka ahayd ee hooyannimo. Waa inaanu imaneyn is-dhexgal rag iyo dumar ah. Inaanay hawshaashu wax u dhimeyn dhaqankii iyo dabeecaddii dumarnimo, hawshaasina ay tahay mid ay ka soo bixi karto, una gudan karto si deggan oo ka dheer fitno iyo akhlaaq xumo. Waa in shaqadaasu aanay keeneyn safar iyo inay haweeneydu ku qasban tahay inay safar u gasho.

"Aragtida Islaamka ee shaqada dumarka way ka duwan tahay midda Reer Galbeedka, aragtidaas (Galbeedka) oo aan kala saareyn shaqada ragga iyo midda haweenka, labada jinsi mid walba wuxuu ku qasban yahay inuu la soo baxo noloshiisa. Gabadha Reer Galbeedka ah waxaa saaran, sida ninka oo kale, inay shaqeyso oo harjaddo, kana shaqeyso meel walba si ay u noolaato, ulana soo baxdo biilkeeda iyo wixii ay ku dabooli lahayd baahideeda". (Faaduma Cumar Nasiif, 1995)

Xaqeeda dhaxalka iyo maalka

Waxa kale oo Islaamku haweeneyda u sugay xaqeedii dhaxalka, kaddib markii laga horjoogsadey inay qayb ka hesho xoolaha waalidkeed ama wiilkeedu amaba sokeeye kale uu ka tagey. Dhaxalka waxaa iska lahaa ninka warangalka ah ee hubka qaadi kara. Islaamku arrinkaa wuu mamnuucay, wuxuuna jaangooyey qaybta ay dumarku dhaxalka ku leeyihiin. ALLAAH arrinta dhaxalka isagaa qoondeeyey, cid kalena uma wakiilan, Quraankana wuxuu ku sheegay in ragga iyo dumarkuba ay dhaxalka u siman yihiin. Arrinkaa isagoo ALLAAH ka hadlayo ayuu kitaabkiisa wuxuu ku yiri:

﴿لِّلرِّجَالِ نَصِيبٌ مِّمَّا تَرَكَ ٱلْوَٰلِدَانِ وَٱلْأَقْرَبُونَ وَلِلنِّسَآءِ نَصِيبٌ مِّمَّا تَرَكَ ٱلْوَٰلِدَانِ وَٱلْأَقْرَبُونَ مِمَّا قَلَّ مِنْهُ أَوْ كَثُرَ ۚ نَصِيبًا مَّفْرُوضًا﴾

"Ragga waxaa u sugnaaday qayb ka mid ah waxay ka tageen labada waalid iyo qaraabadu, haweeneydana waxaa u sugnaaday qayb waxay ka tageen labada waalid iyo qaraabadu, kiisa yar iyo kiisa badanba, waana qaddar la waajibiyey"

Qur'aan Suurah al-Nisaa, 4:7

Ibu Kathiir wuxuu yiri tafsiirkiisa, isagoo aayaddan fasiraya, "Siciid Ibnu Jubeyr iyo Qataada waxay yiraahdeen, `Mushrikiintu xoolaha waxay siin jireen ragga waaweyn, dumarka iyo carruurtuna waxba ma dhaxli jirin, markaas ayaa Alle aayaddan soo dejiyey. Wuxuu ku sheegayaa in dadku dhammaan ay u siman yihiin dhaxalka xukun ahaan, asal ahaanna ay isku mid yihiin haba kala badnaadeen inta ay kala helayaan ee Alle u jaangooyey iyadoo loo eegayo sida uu meydka u xigo, ama ugu dhow yahay".

Xuquuqda uu Islaamku haweeneyda siiyey, ama uu u soo celiyey waxaa ka mid ah xuquuqdeeda xagga maalka. Waxaan soo xusnay inaanay gabadhu awood u lahayn inay xooleheeda maamusho, ama ay talo ku yeelato. Mar walba waxaa ku takrifali jirey ninka ay markaa gacantiisa ku jirto. Islaamku wuxuu gabadha xaq u siiyey inay xooleheeda maamuli karto, wax ka sadaqaysan karto, ganacsi geli karto, heshiis geli karto, wax ka hibeyn karto, cid u dardaarmi karto, iyo wixii la mid ah.

Waxay tiri Faadumo Cumar (1995), kaddib markii ay ka soo hadashay xaqnimada iyo inay gabadhu daw u leedahay maamulka xooleheeda, "Dhammaan arrimaha aan soo sheegnay waxay na tusayaan inay haweeneydu daw u leedahay inay xoolaheeda maamusho sida ninka oo kale, ha ahaato mid la qabo ama aan la qabin, sababtoo ah ninku talo kuma leh xooleheeda, dheddignimaduna sabab uma aha in haweeneyda laga horjoogsado maamulidda maalkeeda. Arrinkaasu waa ra'yiga ay qabaan inta badan mad-habadaha Islaamka marka laga reebo mad-habka Imaam Maalik iyo Imaam Axmed oo arrinka labo aragtiyadood ka qaba".

Sidoo kale, waxay gabadhu xaq u leedahay meher, xaqaas oo aanay heli jirin Islaamka ka hor, waxaana la saaray ninka guur ka doona gabadha. Gabadha ayaa la siiyey inay go'aan ka gaarto inta uu noqonayo meherkeedu, waxaana waajib ah in la siiyo wixii ay sheegato haddii lagula heshiiyo.

Xaqeeda arrimaha bulshada

Gabadha muslimadda ahi waxay xaq u leedahay inay ka qayb qaadato arrimaha bulshada haddii ay noqon lahayd wanaagga oo la isfaro iyo xumaanta oo la iska reebo, haddii ay noqon lahayd inay talo iyo aragti ka dhiibato, haddii ay noqon lahayd ka qayb-qaadashada jihaadka iyo wixii la mid ah. ALLAAH wuxuu aayad Quraan ah ku yiri:

﴿وَٱلْمُؤْمِنُونَ وَٱلْمُؤْمِنَٰتُ بَعْضُهُمْ أَوْلِيَآءُ بَعْضٍ ۚ يَأْمُرُونَ بِٱلْمَعْرُوفِ وَيَنْهَوْنَ عَنِ ٱلْمُنكَرِ وَيُقِيمُونَ ٱلصَّلَوٰةَ وَيُؤْتُونَ ٱلزَّكَوٰةَ وَيُطِيعُونَ ٱللَّهَ وَرَسُولَهُۥٓ ۚ أُو۟لَٰٓئِكَ سَيَرْحَمُهُمُ ٱللَّهُ ۗ إِنَّ ٱللَّهَ عَزِيزٌ حَكِيمٌ﴾

"Mu'miniinta rag iyo haweenba qaarkood qaarka (kale) waa u sokeeye, waxayna faraan wanaagga, kana reebaan xumaanta. Waxay oogaan salaadda, waxayna bixiyaan zakada, waxayna addeecaan Eebbe iyo Rasuulkiisa. Kuwaas waxaa u naxariisan Eebbe, illeen Eebbe waa adkaade falsane" Qur'aan Suurah al-Tawbah, 9:71

ALLAAH wuxuu aayadda ku sheegay tilmaamaha ragga iyo dumarka muuminiinta ah, waxaana sifaadkooda ka mid ah inay dadka wanaagga faraan, xumaantana ka reebaan. Waa arrin saaran labada jinsi, gabadha muslimadda ahina xaq ayey u leedahay inay ka qayb qaadato dacwada iyo dadka oo loogu yeero wanaagga, xumaantana looga digo. Sidoo kale, waxay haweeneydu xaq u leedahay inay talo ka dhiibato arrimaha bulshada, codna way ku leedahay. Nabigu (ﷺ) saxaabada, rag iyo dumarba, waa talo weydiin jirey, taladii uu wanaag u arkona wuu qaadan jirey isagoon u eegeyn lab iyo dheddig toona. Arrintaa waxaa muujinaya qisadii caanka ahayd ee heshiiskii Xudeybiya.

Nabigu (ﷺ) wuxuu heshiis la galay Qureysh, saxaabaduna way ka biyo diideen iyagoo u arkayey in heshiisku magac-xumo ku yahay Muslimiinta. Nabigu (ﷺ) wuxuu amray inay xoolahooda qalaan, timahana iska xiiraan saxaabadiina way ka dhego-adeygeen. Saddex jeer markii uu Nabigu (ﷺ) ku celiyey cid maqashana uu waayey ayuu, isagoo murugeysan, u galay Ummu Salama oo xaasaskiisa ka mid ahayd. Markii ay aragtay murugada Nabiga (ﷺ) ka muuqata ayey weydiisey, Nabiguna waa u sheegay. Ra'yi aad qaali u ah ayey Nabiga

(ﷺ) u soo jeedisey oo ahaa inuu isagu baxo, isagoon qofna la hadlin oo uu xoolihiisa qalo, timahana iska xiiro. Sidii ayuu yeelay, kaddibna saxaabadii markii ay arkeen ayey hal mar kala yaaceen ilaa qaarkood ku sigteen inay isdilaan.[18]

Xaafid Ibnu Xajar oo sharraxaya xadiiska ayaa wuxuu ku yiri kitaabkiisa Fatxu Albaari', "Wuxuu xadiisku muujinayaa inay bannaan tahay la tashiga haweeneyda fadliga badan iyo fadliga Ummu Salama iyo caqli badnaanteeda".

Sidoo kale, waxaa caddeynaya inay gabadhu cod ku leedahay bulshada dhexdeeda qisadii ka dhex dhacday Cumar + , waqtigii uu amiirka ahaa, iyo haweeney muslimad ah mar uu damcay Cumar + inuu qiimo u gooyo meherka isagoo u arkay in dadku meherkii ay qaaliyeeyeen, wuxuuna amray inaan laga badin 400 oo Dirham. Haweeneydii ayaa ku qabsatay, kaddibna Cumar + wuxuu yiri, "Cumar waa gafey, haweeneyduna waa gar-heshay,"[(19)] kaddibna intuu minbarkii fuulay ayuu go'aankii ka noqday.

Waxa kale oo ay gabadha muslimadda ahi xaq u leedahay inay ballan ama beyco gasho, Nabiguna (ﷺ) dumarka beyco waa la galay, wuxuuna ballan kula galay inay Alle cibaadada u keliyeeyaan, Nabiga (ﷺ) ay addeecayaan, kana dheeraadaan denbiyada sida, dilka, gogoldhaafka, tuugannimada, xanta iyo wixii la mid ah. Waxa kale oo ay gabdhaha muslimiinta ah ka qaybqaadan jireen jihaadka, inkastoo aan lagu waajibin. Waxay ciidanka u qaban jireen shaqo muhiim ah; way waraabin jireen, kooda dhaawacmana waa daaweyn jireen, waana daryeeli jireen. Sidoo kale, gabadha muslimadda ahi ciddii ay magangeliso laguma xadgudbi karo, arrinkanina

18 Ibnu xajar Al-casqalaani (1379-Jus 5).

19)(Tafsiirka aayadda 20aad suratu An-Nisaa

waa xaq uu qof walba oo muslim ahi uu leeyahay; rag iyo dumarba.

Marka ay aragto gabadha muslimadda ahi dhibkii iyo saxariirtii ay ku jirtey gabadhii noolayd Islaamka ka hor iyo sida Islaamku ugu soo celiyey, uguna soo dhiciyey xaqeedii ka maqnaa, waxay mudan tahay inay ku faanto diinteeda, iskana ilaaliso xorriyadda dhalanteedka ah ee lagu dagayo, lana doonayo in lagu baabi'iyo sharafteeda iyo karaamadeeda.

QAYBTA AFARAAD

WAAJIBAADKA GABADHA MUSLIMADDA AH

QAYBTII HORE waxaan uga soo hadalnay xuquuqda gabadha, qaybtanna waxaan uga hadlaynaa waajibaadka saaran haweeneyda. Xaquuqdaa ka soo horjeedkeeda waxaa ka dhalanaya waajibaad iyo wax gabadha saaran, taana waxaa ka muuqanaya caddaaladda Islaamka iyo sida uu nolosha isugu dheellitiray. Gabadha inta xuquuq la siiyey lama oran wax ku saarani ma jiraane meel iska fariiso, waxaa la saaray waajibaad la doonayo inay ka soo baxdo. Waajibaadkaasu wuxuu noqon karaa mid xagga Rabbi ah, mid xagga nafteeda ah iyo mid xagga bulshada ah.

Waajibaadka diineed

Waajibka ugu horreeya ee Alle saarey gabadha waa inay isaga keliya caabuddo, cid kalena aanay cibaadada la wadaajin. Waa waajib cid kasta oo la abuuray saaran, goonina aan ku ahayn aadanaha. ALLAAH wuxuu aayad Qur'aan ah ku yiri:

﴿وَٱعْبُدُوا۟ ٱللَّهَ وَلَا تُشْرِكُوا۟ بِهِۦ شَيْـًٔا ۖ﴾

""*ALLAAH caabuda, cibaadadana cidna ha la wadaajinnina*" Qur'aan Suurah al-Nisaa, 4:36

Nabigu (ﷺ) , isagoo raba inuu ummadda baro xaqa uu Alle ku leeyahay iyo xaqa ay ummaddu yeelanayso haddii ay gutaan xaqa Alle ku leeyahay, ayuu sheegay xaqa ay Alle iyo addoommadu isku leeyihiin. Xadiiska oo uu Macaad Bin Jabal + werinayo, kana warramaya sida hadal-isweydaarsigu u dhacay ayaa wuxuu leeyahay," Nabiga (ﷺ) ayaan gaadiid u fangashanaa(la saarnaa), aniga iyo isagana aanay noo dhaxayn kooraha mooyee, wuxuuna yiri,` Macaad Bin Jabalow', markaas ayaan ku iri, `Labbayka Wasacdeyka.' Cabbaar ayuu socdey, haddana wuxuu yiri, `Macaad Bin Jabalow,' waxaan ku iri, `Labbayka Wasacdeyka,' haddana cabbaar ayuu socdey. Haddana wuxuu yiri, `Macaad Bin Jabalow,' waxaan iri, `Labbayka Wasacdeyka.' Markaas ayuu i weydiiyey, `ma taqaan xaqa Alle ku leeyahay addoommada?' Waxaan ku iri, `Alle iyo Rasuulkiisa ayaa og.' Wuxuu yiri, `Xaqa Alle addoommada ku leeyahay waa inay isaga caabudaan, cibaadadana aanay cid la wadaajin.' Cabbaar ayuu, haddana, socdey, markaas ayuu yiri, `Macaad Bin Jabalow,' waxaan ku iri, `Labbayka Wasacdeyka,' `ma taqaannaa xaqa ay addoommadu Alle ku leeyihiin haddii ay sidaa sameeyaan?' Waxaan ku iri, `Alle iyo Rasuulkiisa ayaa og.' Wuxuu yiri, `Inaanu cadaabin ciddaan waxba la wadaajin.' (متفق عليه)

Xadiisku wuxuu caddeynayaa waajibka addoonka ka saaran Alle oo ah inuu cibaadada u keliyeelo, iyo midka Alle ka saaran addoommada oo ah inaanu cadaabin haddii ay cibaadada u keliyeelaan. Waajibkaasu waa mid saaran addoommada oo dhan, dumarkuna qeyb ayey ka yihiin, iyada ayaana laga rabaa inay ka soo baxdo, cid wakiil uga noqon kartaana ma jirto. Waxaa gabadha laga rabaa inay barato arrimaha diinteeda iyo waxa ay ku hagaageyso cibaadadeedu, looguna cudurdaari maayo inay diinteeda iyo waxyaabaha lama dhaafaanka u ah diinta aanay aqoon u lahayn.

Waajibaadka reer ahaaneed

Nolosha qoyska ee Islaamku rabo waa mid xasilloon oo lagu dego ee ma ahan mid kadeed iyo dhib ah, wuxuuna caddeeyey danta iyo ujeeddada laga leeyahay qoyska. Waxaa ka mid ah ujeedooyinkaa in taranka aadanuhu aanu go'in, in labada qof isku kaalmeystaan nolosha, reerkuna noqdo mid ay ku degaan oo ku xasilaan iyo inay isku gutaan danahooda gogoleed ee Alle ku abuuray. Si qoyskaa loo helo wuxuu Islaamku sameeyey qorshihii lagu gaari lahaa noloshaa wanaagsan, wuxuuna kala ratibay hawshii reerka, qof walbana wuxuu saaray waajibaad, xuquuqna waa siiyey. Xuquuqda gabadha reerku ku leeyahay waxaa ugu horreeya midka ninkeedu ku yeelanayo.

Waajibaadka gabadha ka saaran ninkeeda waxaa ka mid ah inay u dhego-nuglaato oo ay addeecdo, kuna raacdo wixii aan xaaraan ahayn, inay raalli geliso, kana ilaaliso wixii uu dhibsanayo.

"عن أبي هريرة ÷ قال قيل يا رسول الله (ﷺ) أي النساء خير قال «التي تسره إذا نظر وتطيعه إذا أمر ولا تخالفه في نفسها ولا في ماله بما يكره»".مشكاة المصابيح للالباني

"Abuu Hurayra wuxuu yiri, `waxaa la yiri Rasuulkii Ilaahayow, dumarka yaa u khayr badan, wuxuuna yiri, middii faraxgelisa haddii

uu (ninkeedu) eego, oo addeecda haddii uu wax amro, kuna khilaafin nafteeda iyo maalkiisa wax uu dhibsanayo"

Macnuhu waxaa weeye, gabadha ninkeeda uu ka helo weji furan, dhaqan wanaagsan iyo dabacsanaan, sidaana ninkeeda ku farxad-gelisa, haddii uu wax farana maqasha oo aan ku diidin. Sidoo kale, nafteeda u xafidda, xoolihiisa ay gacanta ku haysana u ilaalisa. Ninkeedu inuu farxo marka uu fiiriyo waxay ku imaan kartaa inuu ku arko wax farxad geliya sida muuqaal wanaagsan, nadaafad iyo wixii la mid ah. Arrimahaasi waxay keeni karaan inuu ninku qanco, ayna abuuraan isu soo dhowaasho, isjecayl iyo kalsooni.

Waxa kale oo gabadha saaran maamulka hawlaha guriga sida, korinta iyo barbaarinta carruurta, diyaarinta wixii la cuni lahaa. Waxaa laga rabaa inay sameyso wax kasta oo lagu nidaaminaya, laguna hagaajinayo guriga, kana soo dhalaasho hawshaa loo igmaday. Gabadha ayaa la weydiinayaa wixii guriga ka xumaada sida uu na tusinaya xadiis Nabiga (ﷺ) laga weriyey:

"وعن ابن عمر ^ عن النبي (ﷺ) قال: كلكم راع وكلكم مسئول عن رعيته والأمير راع والرجل راع على أهل بيته والمرأة راعية على بيت زوجها وولده فكلكم راع وكلكم مسئول عن رعيته". متفق عليه

"Ibnu Cumar wuxuu Rasuulka ka weriyey inuu yiri, "Dhammaantiin waxbaa la idin raaciyey, dhammaantiinna waa la idin weydiin doonaa waxaas la idin raaciyey. Amiirka (hoggaamiyaha) waa raace, ninkuna wuxuu raace ka yahay reerkiisa, haweeneyduna waxay raacdo ka tahay guriga ninkeeda iyo carruurtiisa. Dhammaantiin waxbaa la idin raaciyey, dhammaantiinna waa la idin weydiin doonaa waxaas la idin raaciyey"

Shiikh Nawawi, isagoo sharraxaya xadiiska, wuxuu ku yiri kitaabka Sharaxa Saxiixul Muslim, "Culimadu waxay yiraahdeen "raacidda" waxaa laga wadaa waa qofka ilaaliya, laguna aaminey, ayna saaran tahay hagaajinta waxaas la raaciyey ee uu ilaaliyaha ka yahay, waxaana laga rabaa cid kasta oo hoos timaadda inuu u caddaalad falo, una istaago wax kasta oo wanaag ugu jiro aakhiradiisa iyo adduunkiisa iyo wixii la xiriira". Gabadha, sida xadiisku caddeynayo, waxaa la raaciyey oo loo diray guriga ninkeeda, waana lagala xisaabtamayaa wixii ka xumaada, ama sidii loo rabey aan loo qaban. Ninkuna reerka oo dhan ayuu masuul ka yahay, wixii ka hallaabana isagaa la weydiinayaa.

Caddaaladda Islaamka ayey ka mid tahay in qofkii hawl loo diroba loogu gudo wax kale oo u qalma, kuna dhiirriggeliya inuu hawshaa loo diray sidii loogu talo galay u qabto. Soomaalidu waxay ku maahmaahdaa, "Gacmo isdhaafa ayaa galladi ku jirtaa". In wax la isweydaarsado oo aanay qof keliya hawshu ku dhicini waa sida loo heli karo wada noolaansho iyo wax wada qabsi. ALLAAH aayad ayuu ku yiri:

﴿وَلَهُنَّ مِثْلُ ٱلَّذِى عَلَيْهِنَّ بِٱلْمَعْرُوفِ ۚ وَلِلرِّجَالِ عَلَيْهِنَّ دَرَجَةٌ ۗ وَٱللَّهُ عَزِيزٌ حَكِيمٌ﴾

"Haweenkuna waxay leeyihiin wax la mid ah waxa korkooda saaran si fiican, raggase waxaa ugu sugan korkooda darajo (dheeraad), Eebana waa adkaade falsan"

Qur'aan Suurah al-Baqra 2:228.

Imaam Qurdubi,[20] isagoo aayadda sharraxaya wuxuu yiri, "Dumarkuna xuquuq xaasnimo ayey ragga ku leeyihiin una dhiganta midda raggu ku leeyahay, sidaas darteed ayuu Ibnu Cabbaas yiri:

20 Kitaabkiisa الجامع لأحكام القرآن **tafsiirka aayadda 228 ee suuradda Albaqara**

"إني لأتزين لامرأتي كما تتزين لي، وما أحب أن أستنظف كل حقي الذي لي عليها فتستوجب حقها الذي لها علي، لأن الله تعالى قال: ﴿ وَلَهُنَّ مِثْلُ ٱلَّذِى عَلَيْهِنَّ بِٱلْمَعْرُوفِ﴾ أي زينة من غير مأثم. وعنه أيضا: أي لهن من حسنوالعشرة بالمعروف على أزواجهن مثل الذي عليهن من الطاعة فيما أوجبه عليهن لأزواجهن"

"Waxaan isu qurxiyaa xaaskayga sida ay anigaba isugu kay qurxiso. Ma jecli inaan ka helo xaqii aan ku lahaa oo dhan markaana ay mudato xaqii ay igu lahayd, sababtoo ah Alle wuxuu yiri: ﴿وَلَهُنَّ مِثْلُ ٱلَّذِى عَلَيْهِنَّ بِٱلْمَعْرُوفِ macnaha isqurxin aan dambi ku jirin. Sidoo kale, waxaa laga weriyey Ibnu Cabbaas: Waxay dumarku leeyihiin in si wanaagsan loola dhaqmo, sida iyaga loogu waajibiyey addeecidda raggooda"

Waajibaadka waalidka ka saaran.

Sidoo kale, waajibaadka gabadha saaran waxaa ka mid ah midka waalidkeed ku leeyahay. Waxaa waajib ku ah, sida ninkaba, inay waalidkeed u wanaag sameyso, u dhego-nuglaato, wixii wax tar u ah oo ay u qaban karto ay u sameyso. Hadal iyo falba, wixii ay dhibsanayaan inay ka ilaaliso, una muujiso inay agteeda ku weyn yihiin oo ay jeceshahay. Hadalka inay u qaboojiso, una doorto hadalba midka uu ka wanaagsan yahay, una muujiso jajabnaan iyo wixii ay u baahan yihiin oo ay si hufan ugu qabato. Inay u ducayso geeri iyo nololba, ehelkooda iyo dadkoodana ay xiriiriso.

U wanaag sameynta waalidka ALLAAH wuu weyneeyey, xaqoodana wuxuu dabo-dhigay xaqiisa, aayad Qur'aan ahna wuxuu ku yiri:

﴿وَٱعْبُدُواْ ٱللَّهَ وَلَا تُشْرِكُواْ بِهِۦ شَيْـًٔا ۖ وَبِٱلْوَٰلِدَيْنِ إِحْسَـٰنًا﴾

"Caabuda Eebbe, hana la wadaajinnina waxba, labada waalidna u wanaag fala"
Qur'aan Suurah al-Nisaa, 4:36.

Ibnu Kathiir, isagoo aayadda fasiraya, wuxuu tafsiirkiisa ku yiri, "Arrinkaasu waa xaqa ugu sarreeya uguna weyn, waana xaqa Alle oo ah in keligiis la caabudo, cibaadadana aan cid kale loogu darin. Xaqiisa kaddib, xaqa aadanaha midka ugu adag uguna mudan waa midka labada waalid. Sidaa darteed ayaa Alle xaqiisa ugu lammaaniyey xaqa labada waalid".

QAYBTA SHANAAD

MUUQAALKA BEENTA AH EE LAGA BIXIYO ISLAAMKA

DAGAALKA ISLAAMKA, diin ahaan iyo dad ahaanba, lagula jiraa waa mid aad u ballaaran. Dagaalka ugu xun waa midka lagu hayo ummadda diinteeda iyo caqiidadeeda. Xilliyadii hore dagaalku wuxuu ku wajahnaa oo cadowga Islaamku uu xoogga saari jirey dhanka dhul ballaarsiga iyo inuu inta soo duulo uu dhul qabsado. Waxay arkeen inaanay sidaa Islaamka uga xoog roonaan karin ee loo baahan yahay inay qorshaha beddelaan. Dagaalkii ugu horreeyey waxay ku qaadeen jihaadka, waxayna isku dayeen inay ummadda ka fariisiyaan jihaadka.

Waxaa nagu filan inaan soo qaadanno hadal uu Shiikh Shariif C/nuur uu ka soo guuriyey nin ditoor ah, una dhashay Urdun oo la yiraahdo Idiris Maxammed Cali, wuxuuna yiri:

"عرف أعداء الاسلام خطورة الجهاد عليهم، وأنّه لا بقاء لهم مع باطلهم ولا تدول لهم دولة مادام الجهاد باقيا، وعرفو ان المسلمين

اذا أعلنو الجهاد بصوت واحد، وخرجو باسم الله وعلي بركة الله، لم تقم أمامه قائمة، لأنهم طالبو أحدي الحسنيين والله ناصرهم وممدهم. عرفو ذلك كله من صفحات سلف هذه الأمة حينما فتحو نصف كرة العالم في أقل من نصف قرن. ومن هنا بدأو يفكرون لحل هذه المشكلة العويصة الرهيبة، وجدّو واجتهدو، ووجدو حلولا كثيرة، وأحكمها وأنجحها وأوفاها بالقرض هي صرف المسلمين عن الجهاد بطريقه سلمية، وفعلا حلّت مشكلتهم، وجلسو علي موائدهم يأكلون ويشربون آمنين مطمئنين، واستراحو من الجهاد واستولو علي البلاد واستعبدو العباد. وهذه الطريقة التي صرفت المسلمين عن الجهاد وأقعدتهم أذلاء لمدة طويلة حتي يومنا هذا هي: تقسيم الجهاد الي أكبر وأصغر، فقالوا: الجهاد الأصغر مجاهدة الكفار، والجهاد الأكبر مجاهدة النفس والشيطان، وهؤلاء الأعداء أذكياء يعرفون أن النفس والشيطان لا يتخلص منهما الانسان مادام حيا يرزق، وأعطوه وظيفة تشغله عن الجهاد مدة بقائه في هذه المدة، ووضعو له في ذلك حديثا مكذوبا علي رسول الله (ﷺ) لما يعلمون عظمة رسول الله (ﷺ) في قلوب المسلمين. فقالوا : الجهاد الأصغر مجاهدة الكفار، والجهاد الأكبر مجاهدة النفس والشيطان، وهو حديث: «رجعنا من الجهاد الأصغر الي الجهاد الأكبر»، ودسوه في كتب المسلمين، ولما وجده أخونا المسكين المغبون في دينه قال: اذا كان مجاهدة النفس والشيطان

جهاد أكبر فماذا أصنع بالجهاد الأصغر، فأخذ سبحته الطويلة ودخل صومعته ويعبد ربه بمجاهدة هواه وشيطانه. ولربما بعضهم الذي لم يزل الخير فيه ينوي في نفسه الجهاد الأصغر، عندما ينتهي من الجهاد الأكبر، فأنى له ذلك.أخطر ما أصيب به الجهاد في تاريخه، من النكسة، تقسيمه الي جهاد أكبر وأصغر، وقديما."

"Jihaadka, islaamka taariikhdiisii dheerayd, masiibada ugu weyn ee ku dhacday waxay ahayd iyadoo labo loo qaybiyey; mid weyn iyo mid yar. Cadowga islaamku mar hore ayey ogaadeen khatarta uu ku hayo jihaadka ay muslimiintu wadaan, iyo inaanay sii socaneyn kufrigooda iyo baadilkooda, dawladna aanay u dhisnaaneyn inta ay muslimiintu jihaadka wadaan. Waxay ogaadeen, mar haddii ay muslimiintu israacaan oo jihaad iclaamiyaan, hal cod oo keliyana isugu baaqaan, magaca Allena ay jihaadka ku galaan, in cid is-hortaagi kartaa aanay jirin, Alle ayaana ah kan taageeraya ee taakulaynaya. Arrintaa waxay ka ogaadeen taariikhdii ummaddan dadkeedii hore markii ay ku qabsadeen dunida aan ku nool nahay barkeed wax ka yar qarni barki.

Halkaa ayaa waxay ka bilaabeen qorshe (تخطيط) iyo sidii ay mushkiladdan dhibka badan u xallin lahaayeen. Aad ayey u dedaaleen, awooddoodii oo dhanna isugu geeyeen. Xal badan ayey soo bandhigeen iyo sidii ay muslimiinta jihaadkooda uga guuleysan lahaayeen. Xalkii ugu fiicnaa ee ay ku guuleysteen, dantoodiina ay ku gaareen wuxuu ahaa inay dadka muslimiinta ah ka jeediyaan jihaadka. Halkaas ayey mushkiladdoodii ku xallisantay markii ay muslimiinta ka fariisiyeen jihaadka. Qummaati ayey isaga fariisteen, nabad iyo dhib la'aanna ku cuneen oo ku cabbeen, kuna seexdeen. Waxay ka nasteen jihaadkii, muslimiintiina, intay ku soo duuleen ayey dhulkoodii qabsadeen, dadkiina addoonsadeen. Dariiqaas isaga ah, muslimiintana ka fariisiyey jihaadkii, dullina dulsaaray, muddo dheerna ay dulligaa ku jireen, ilaa haddana ay ku jiraan, waa qaybinta jihaadka loo qaybiyey mid weyn iyo mid yar, waxayna yiraahdeen, midka yar waa la dagaallanka gaalada, midka weynina waa naftaada oo aad ka adkaato iyo shaydaanka oo aad la dagaallanto. Nimankaa cadowga ah ee caqliga badan, waxay garanayaan inaanu qofku naftiisa iyo shaydaanka ka adkaan karin, iyaga haddii uu israaciyona weligii inuu iyaga ku mashquulsanaanayo. Waxay u sameeyeen hawl uu jihaadka kaga sii jeedayo inta uu nool yahay oo dhan.

Arrintaa waxay u sameeyeen xadiis ay ku been-abuurteen Rasuulka (ﷺ) iyagoo og sida uu Rasuulku (ﷺ) ugu weyn yahay muslimiinta, xadiiskaa oo jihaadka gaalada inuu mid yar yahay ku sheegaya, naftoo lala dagaallamo iyo cibaadooyinka kale oo la badiyana uu ka hormariyey. Waxay dhexgeliyeen oo ku dareen kutubtii muslimiinta. Dadkii muslimiinta ahaa ee aan diintooda waxba ka aqoon ayaa kutubtii muslimiinta ku dhex arkay, iyagoon kala saari karin baadilka cadowgu muslimiinta uu kutubta u dhexgeliyey iyo waxa saxiixa ah ee xaqa ah. Wuxuu leeyahay, 'Nafta iyo shaydaanka oo lala jihaado haddii uu jihaadkii weynaa yahay, maxaan jihaadka yar isugu mashquulinayaa!?' Tusbaxiisa intuu qaato oo uu mawliciisa (صومعة) galo ayuu halkaa Rabbi ku caabudayaa, shaydaankana la dagaallamayaa, quraan-akhris, soon, soo jeed iyo cibaadooyinka noocaas ah ayuu isku mashquulinayaa. Waxaa suurtowda intooda uu qalbigooda khayr ku jiro inay arrintaa khayr ula niyoonayaan, rabaanna inay jihaadkii yaraa u soo jeestaan marka ay midka weyn dhammeeyaan. Sidee arrintaasu u suurtoobeysaa!" (C. C. Diini, 2011)

Waxay ka faafiyeen jihaadka hadallo been ah si ay dadka ugu tusaan in Islaamku yahay diin dagaal oo aan nabad oggoleyn. Magacyo xunxun ayey u bixiyeen dadkii jihaadka kula jirey, waxayna ugu yeereen magacyada ay ka mid yihiin Argaggaxiso, Xag-jir iyo kuwo la mid ah, magacyo wanaagsanaana magac-dil ayey ku sameeyeen sida Asalraac. Haddii loo kuurgalo dhibaatada iyo dagaallada dunida ka jira cidda hurisa waa reer Galbeedka, haddii ay noqoto ciidan iyo hubna cidda ugu badani waa iyaga. Haddii arrinkaas ah in Islaamku yahay diin dagaal, iyaguna ay yihiin dad nabadeed, maxaa ku kallifay hub iyo ciidan intaa le'eg inay sameystaan, ciddii isqabatana ay isugu sii diraan, hubkana uga iibiyaan.

Qofka colaadda iyo dagaalka neceb sow inuu ka fogaado wax kasta oo colaad u keenaya ma ahan? Taana waxaa ugu horreeya inuu dhulkiisa ka dhigo meel hub ka caaggan, kuna dedaalo sidii ay dunidu u noqon lahayd meel nabad lagu wada noolaado. Arrinkaasu wuxuu na tusayaa in waxay sheeganayaan uu been yahay, Islaamkuna yahay diin nabadeed, iyaguna ay yihiin dad dulmi iyo colaad u taagan.

Dagaalkii labaad waxay ku qaadeen qoyska muslimka ah, waxayna ogaadeen inta qoyska muslimka ahi is-haysto oo uu dhisan yahay inaan muslimiinta laga guuleysan karin. Waxa kale oo ay ogaadeen in tiir-dhexaadka qoysku uu haweenta yahay, halka laga dumin karaana ay halkaa tahay. Gabadhu inta ay gurigeeda joogto inaan ninka dagaal looga guuleysan karin ayey rumeysteen. Waxay faafiyeen ku-tiri-kuteen iyo war been ah. Waxay faafiyeen inuu Islaamku dulmo haweenka, dhan walbana uu ka ciriiryey, ragguna ay ku amar-ku-taagleeyaan. Waxay meel walba ka sheegeen inaanay dumarku haysan xuquuq siyaasadeed, mid dhaqaale, mid xorriyadeed oo aanay xorriyad qof ahaaneed aanay lahayn.

Sidoo kale, inaanay xuquuq qoys ahaaneed iyo mid guur aanay lahayn. Si aan u ogaanno beentaa la faafiyey, waxaa habboon inaan wax ka ogaanno marxaladihii uu soo maray kacdoonkii xaq-doonka ahaa ee dumarka Galbeedku, kaddibna aan eegno waxa ay heleen iyo halka ay joogaan, markaa kaddibna aan falanqeyno muuqaallada beenta ah ee Islaamka laga faafiyey.

Kacdoonkii Dumarka

Sidii aan soo xusneyba, haweenka Galbeedku waxay ku noolaayeen nolol liidata, waxaana ku amar-ku-taagleyn jirey ragga, waxayna ka dhigeen sidii badeeco oo kale. Dulmigaas wuxuu dhaliyey in dumar badani ka dhiidhiyaan oo ay dagaallamaan si ay u soo dhacsadaan xuquuqdooda ka maqan. Taasi waxay keentay in dhaqdhaqaaq xuquuq doon ahi uu ka bilowdo Yurub iyo Ameerika oo ay dumarku hoggaaminayeen.

Iyadoo uu dhaqdhaqaaqu xilli hore bilowdey, haddana isticmaalka ereyga `feminism` oo muujinaya dhaqdhaqaaq bulsho wuxuu Faransiiska ka soo shaacbaxay sannadkii 1830, wuxuuna si fiican u faafay 1890. Intaa ka dib, wuxuu u sii gudbay Yurub iyo waddamo kale. Meelaha qaar, dhaqdhaqaaqu waxaa gundhig u ahaa sidii ay dumarku doorashooyinka uga qayb qaadan lahaayeen, ka dib wuxuu isku rogey dhaqaaq u ololeynaya sidii ay dumarku u heli lahaayeen xuquuq dhan walba kala siman midda ragga.[21]

Sidaas oo kale ayey Mathnaa Amiin (2011) seegtay in dhaqdhaqaaqaasu uu ku bilowdey raadin la raadinayo xuquuqda haweenku u leeyihiin inay waxbartaan, jaamacadahana ka qayb galaan iyo inay xuquuqdoodii bulshannimo iyo qof ahaaneedba helaan. Waxa kale oo ay dalbanayeen inay ka qaybqaataan doorashooyinka oo ay codkooda bixin karaan. Kacdoonku wuxuu ka soo bilowdey Kacaankii Faransiiska ee 1789, kaasoo looga dhiidhiyayey dulmigii bulshada lagu hayey, taasina waxay u noqotay dumarka fursad ay ku muujiyaan dhibaatada iyo dulmiga ay haweenku ku jireen, waxayna kacdoonkii oo ay qeyb libaax ka qaateen uga faa'iideysteen inay sheegtaan xaqoodii ka maqnaa.

Dhaqdhaqaaqa oo heerar kala duwan soo maray, waxaa loo qaybiyaa dhowr qaybood; bilowgii kacdoonka, iyo dhowr laba-kacleyn oo ka dambeysey. Bilowgii kacdoonka arrimaha laga doodayey waxay ku koobnaayeen codbixinta, arrimaha shaqada iyo waxbarashada. Laba-kacleyntii kacdoonku waxay bilaabantay 1960-meeyadii, arrimaha miiska saarnaana waxaa ka mid ahaa sinnaanta dhanka sharciga, dhaqanka, siyaasadda, arrimaha bulshada, iwm. Sidoo kale, xuquuqda gaarka ah ee haweenta iyo ka hortagga wax kasta faragelin

21 Karen Offen. (1998).

ah, middeeda xiriirka gogosha iyo inay jirkeeda xor u tahay.[22]

Kacdoonkaa Faransiiska ka bilowdey, ka dibna u sii tallaabay Yurub inteedii kale, waxay bilaabeen olole xuquuqdoodn ah. Waxay aragtidoodii ku soo bandhigeen qaab kala duwan oo qoraallo ay sameeyeen ay ka mid tahay. Waxay uga hadlayeen xuquuqda dumarka, haddii ay ahaan lahayd midkooda nololeed, midkooda dhaqaale iyo midka siyaasadeed. Waxay ku dhiiradeen inay qoraan kutub ay uga warramayaan xuquuqdooda, inay soo jeediyaan in wax laga beddelo sharciga doorashada, inay xaq u leeyihiin inay xoolo gaar ah yeelan karaan iyo wax la mid ah.

Sidaas oo kale ayuu kacdoonkaasu u gaaray Yurub inteedii kale iyo Maraykanka, waxayna noqdeen ururro isku xiran oo wada shaqeyni ay ka dhaxeyso. Waxay sameysteen golayaal ay leeyihiin, waxayna bilaabeen inay kulammo gaar ah sameystaan, inay abaabulaan isku soo baxyo ballaaran. Dawladihii jirey markii ay arkeen kacdoonka ay dumarku wadaan waxay bilaabeen inay ka hortagaan kacdoonkaa xaq doonka ah. Waxay xireen golayaashii ay sameysteen, waxayna joojiyeen dhaqdhaqaaqii ay wadeen, hoggaamiyayaashii kacdoonkana qaarkood waa la diley. Dilkaa iyo cabburintaasu ma keenin inay hor istaagaan kacdoonkii jirey, dumarkuna ma joojin kacdoonkii ay wadeen.[23]

Dagaal dheer ka dib, wax badan oo xuquuqda dumarka ah ayaa horumar laga sameeyey, waxaana bilaabantay in dumarka loo oggolaado inay codeeyaan. Tusaale, maraykanka waa gabadha loo oggolaaday inay codeyso 1929, Jarmalkana 1919.[24] Mathnaa Amiin (2011) sida ay xustay, Sannadkii 1945

22 Rajiva Ranjan. (2019).

23 Mathnaa Amiin (2011)

24 Rajiva Ranjan. (2019).

ayey haweeneydii faransiisku xaq u heshay inay codeyso sida dhiggeedii kale ee Finland, Denmark iyo Norway ay xaqaas helaan wax yar ka hor Dagaalkii Koowaada, Ruushka iyo Ingiriiska 1917 iyo 1918, siday u kala horreeyaan. Iswiiserlaand waxaa la aqoonsaday inay gabadhu codeyn karto sannadkii 1971.[25]

Muddo ayey dumarku sidaas ku socdeen, waxayna heleen xuquuq badan oo hore looga duudsiyey. Waxay ku yeesheen bulshada dhexdeeda qiimo iyo sharaf, waxaana loo oggolaadey inay codkeeda bixin karto oo ay dooran karto hogaamiyihii ay u aragto inuu daneheeda u fulinayo. Lixdameeyadii markii la gaarey ayaa waxaa bilowdey kacdoon kale oo kii hore wax badan kaga beddelen. Waxaa soo baxay haween dumarnimada ku talax tagey, una ololaynaya sinnaan dhan walba ah oo ragga iyo dumarka ah.

Kacdoonkii hore wuxuu ahaa mid ay dumarku ku raadinayeen xuquuqdii ka maqneyd, ugana dhiidhinayeen dhibkii lagu hayey, waxaase lixdameeyadii soo baxay dumar xag-jir ah oo u doodaya xornimo aan xad lahayn. Waxaa aasaasmay dhaqdhaqaaqyo cusub oo kii hore wax badan kaga duwan, waxaana hal-ku-dhig u ahaa, xoriyad, sinnaan xagga dhaqaalaha iyo mushaarka ah, sinnaan xagga siyaasadda ah, xaq u siin gabadha jirkeeda iyo inay isticmaali karto ka hortagga uurka, inay ilmaha soo ridi karaan, inay xor u tahay diidmada sariirta, iwm.[26]

Kacdoonkii dumarku wuxuu noqday mid ujeeddo-badan ah oo qolo walba si u isticmaasho. Ujeeddooyinkiisa waxaa ka mid ahaa in la hagaajiyo sharafta iyo xuquuda dumarka oo ay dhalisay kala sarreynta u dhaxeysa labada jaad ee ragga

25 Hans Kung (2004).

26 Mathnaa Amiin (2011).

iyo dumarka. Danihii kacdoonkaa lagu hadoodilay waxaa ka mid ahaa aragti iyo ujeeddo astaan looga dhigay sidii loola dagaallami lahaa amar-ku-taagleynta ragga. Ololahan danbe oo ay hoggaanka u hayeen dumar xagjir ah, waxay bilaabeen dagaal ku wajahan ragga oo abuuray colaad u dhaxeysa labada jaad.[27]

Sida Mathnaa Amiin (2011) ay tilmaameyso, haweenkii xag-jirka ahaa waxay majaraha u qabteen kacdoonkii xaq doonka ahaa, waxayna majaro-habaabiyeen aragtidii dhaqdhaqaaqa. Waxay bilaabeen qorshe ay ugu magac dareen inay gabadha ka hoos bixinayaan amar-ku-taagleyntii ragga, wixii xuquuq ahaa ee labada isqabta ka dhexeeyeyna waxay ku tilmaameen gumeysi dumarka lagu hayo. Waxay abuureen hardan iyo dagaal u dhexeeya labadii lammaane, waxayna inkireen inay jiraan wax kala duwanaan ah oo u dhexeeya ragga iyo dumarka. Jir ahaan, dareen ahaan iyo dabeecad ahaanba in ragga iyo dumarku siman yihiin ayey ku adkeysteen. Waxay bilaabeen inay shaki geliyaan wax kasta oo ummaddu ku dhaqmi jirtey, haddii ay ahaan lahayd diin, dhaqan iyo aqoon.

Waxay ka dideen wax kasta oo ilihii cilmiga ahaa, waxayna u arkeen mid ragga u eexanaya, waxayna ka carareen dhaqankii iyo caadooyinkii, waxayna ku tilmaameen dibdhac iyo wax laga tagey oo mudan in la beddelo. Xataa waxay ka dideen luqaddii, waxayna soo jeediyeen in dib loo hagaajiyo. Dabeecaddii dumarnimo ayey inkireen, waxayna u tiiriyeen inay tahay wax bulshooyinka iyo deegaammadu abuureen. Waxay diideen in hooyannimadu tahay hawl dumarka gaar u ah, waxayna ka horyimaadeen in qoysku nolosha bulshada muhiim u yahay.

27 Rajiva Ranjan. (2019).

Waxay ogeysiis ku bixiyeen dagaal cad oo ay ragga kula jiraan, waxayna bilaabeen baaqyo iyo hadallo muujinaya cadaawad iyo nacayb. Waxaa aasaasmay ururro leh magacyo laga didiyo sida urur ka abuurmay Maraykanka oo la baxay, dhaqdhaqaaqa goynta jiridda ragga (حركة تقطيع أوصال الرجال), iyo mid kale oo labaxay, u dagaallanka in la helo duni aan rag lahayn, iwm, waxayna soo saareen qoraallo badan oo ay cadaawaddaa ku muujinayaan.

Dumar badan oo aqoonyahanno, kana mid ah kuwa dumarnimada u ololeeya ayaa sheegay in hooyannimadu ay tahay arrin loo adeegsado in dumarka lagu liido, kaalintoodana xakameyna, loona baahan yahay in aragtidaa la beddelo qaab u adeegaya kacdoonka dumarka. Waxay sheegeen in loo bahan yahay in dunida dib loo qaabeeyo, lana bilaabo sidii looga bixin lahaa gacanta ragga, looguna jaangoyn lahaa rabitaanka iyo danaha dumarka.[28]

Haweeney qoraa ah, sida Mathnaa Amiin (2011) xusayso, ayaa waxay qortay buug ay ugu magac dartay Cadow, waxayna ula jeeddaa ragga, iyadoo rabta inay cadownimadaa caddeysana waxay tiri, "Haweeneydu bilowgii nolosha dadka markii ay aragtay inuu ninku yahay qof laga baqo oo leh jir weyn oo timo miiran ah oo murqo ka buuxaan, indhihiisuna ay leeyihiin eegmo dugaag ayey ka baqday. Halkaas ayuu ka bilowdey gefkii weynaa iyo in la cadaabo gabar kasta iyo haweeney kasta, sababtoo ah baqdinteedii ayaa waxay ku keentay inay isu dhiibto qofkaa xoogga weyn, una nuglaato, waxayna bilowdey inay isku xirto si ay shartiisa uga bedbaaddo. Halkaas ayuu ninku ka qaaday islaweyni iyo inuu xoog isbido, wuxuuna helay fursad isu dhiibid iyo amar-ku-taaglayn, wuxuuna haweeneydii dhigay

28 Karen Offen. (1998).

booska adeeguhu u joogo loo adeegaha".

Waxaa soo shaac baxay dhaqdhaqaaqyo u doodaya in qofku la noolaan karo ciddii uu doono iyadoo laga cararayo qoysnimada. Waxaa la xalaalaystay wada noolaanshaha labo nin ama laba naagood. Dumarka fikraddaa ku fogaadey waxay gaareen inay yiraahdaan, "Haddii haweeney ay rabto inay dheddig run ah noqoto waa inay jinsi-gud (lesbian) noqotaa".[29] Sidoo kale, xorriyad qof ahaaneed oo aan xad lahayn ayaa qof walba raadiyey. Taasi waxay keentay inay soo baxdo duni ka dharla' diin iyo dhaqan wanaagsan, meelo badan oo Galbeedka ahna dadkii waxay ka hoos mareen xayawaankii, waxayna meel iska dhigeen xishood iyo sarriigasho.

Arrinkaasu wuxuu muujinayaa talax-tag iyo aragti fool xun oo rabta inay majaro-habaabiso taariikhda dunida, kuna soo kordhiso kutiri-kuteen aan raad lahayn. Waxay rabaan inay muujiyaan in cadaawadda ragga iyo dumarka ka dhaxaysaa ay tahay mid soo jireen ah, lana bilaabantay abuurkii dadka. Arrinkaasu wuxuu keenay dhalan-rog dhan walba ah; haddii ay noqon lahayd arrimihii qoyska, middii bulshada, middii caalamka. Waxay fureen albaab cusub oo wax weyn ka beddeley noloshii dunida. Waxaa batay xornimo raadinta dhan walba ah, meel walbana waxaa isqabsaday dhawaaq salka ku haya in aadanuhu ka baxo xakamihii diinta iyo dhaqankii wanaagsanaa. Cid walba waxay raadisey xornimo aan xad lahayn, waxaana soo baxay dhaqdhaqaaqyo kii hore uu i qarso noqonayo.

Kacdoonkaasi kuma koobnaan Galbeedka, wuxuu ku faafay daafaha dunida. Waddammada Islaamku waxay arrinkaa ka qaateen qaybtoodii, Galbeedkuna si gaar ah

29 Mathnaa Amiin (2011).

ayey muslimiinta isha ugu hayeen. Markii ay ciidan ahaan uga awood roonaan waayeen ayey heleen dagaal kale oo midka ciidanka uga daran muslimiinta oo ah in qoyska laga abbaaro. Dhaqdhaqaaqaa la baxay Xoreynta Dumarka dadkii ugu horreeyey ee uu saameeyey waxay ahaayeen ardaydii muslimiinta ahaa ee waxbarashada u doontay Yurub.

Qarnigii 19aad, waqtigii horumarka Yurub bilowdey, dunidana ay ku faafeen oo ay waddammo badan gumeysteen, ayey bilaabeen inay suuq geeyaan ilbaxnimadoodii iyo dhaqankoodii. Waxaa bilowday isdhexgal iyaga iyo dadkii muslimiinta ahaa, gaar ahaan kuwii waddammadooda ugu tagey. Xilligii Masar uu xukumayey Maxammed Cali Baasha ayaa wuxuu bilaabay inuu Faransiiska u diro arday badan oo ah kuwii ka baxay jaamacadda Azhar si ay wax uga soo bartaan. Qofkii ugu horreeyey ee arrinkaa la dhaca wuxuu ahaa Rufaacata Bin Raafic oo ka mid ahaa ardaydii reer Masar ee Faransiiska loo diray. Kooxdii uu ku jirey isaga ayaa masuul looga dhigay, wuxuuna ka mid ahaa dadkii ugu cadcaddaa ee fikraddaa Xoreynta Dumarka u ololeynayey.[30]

Fikraddaasi waxay sii xoogeysatey bilowgii qarnigii Labaatanaad, waxaana laga qoray kutub badan, waxaana ugu caansanaa kutubta laga qorey, Xoreynta Dumarka iyo Haweeneyda Cusub oo uu qoray Qaasim Amiin. Wuxuu dadka ugu yeerayaa in lagu daydo haweeneyda Galbeedka, laguna dhaqo arrimaha dumarka, loona raaco jidka diinlaawinnimada (calmaaniya) liibaraaliyadda(qolada wax walba xalaaleeya). Wuxuu fikraddiisa saldhig uga dhigay nolosha iyo dhaqanka bulshada Galbeedka, wuxuuna soo guuriyey fikradaha iyo aragtiyada hal-abuurayaasha iyo falaasifada Galbeedka.

Dumarkii muslimiinta, markaana ay ugu cadcaddaayeen

30 Mathnaa Amiin (2011).

kuwii reer Masar, waxay ku dhiirradeen inay ku dhawaaqaan in wax laga beddelo arrimo badan oo sharci ah, sida in la simo dhaxalka ragga iyo dumarka, in la joojiyo la-guursiga, iwm. Dumarkii arrimahaa u ololeynayey waxaa ka mid ahaa Huda Shacraawi, waxayna ka dhalatay qoys aad ugu xirnaa gumeysigii Ingiriiska, waxayna ku barbaartay dhaqanka Galbeedka. Waxaa lagu sheegaa inay ahayd haweeneydii ugu horreysey ee indha-shareerka iska tuurtay, dhulka intay dhigatayna ku tumatay.

Salaamata Muusaa waxay iyana ka mid ahayd dumarkii ugu firfircoonaa ee fikraddaa u dagaallamayey, waxayna wax ku soo baratay Ingiriiska, halkaas oo ay ka soo xambaartay aragtidii kacdoonka dumarka ee dhulkaa taalley. Waxaa dumarkaa ka mid ahaa Dariya Shafiiq oo ahayd ardayad wax ku baratay Jaamacadihii Masar, kaddibna waxbarasho u aadday Faransiiska. Xiriir aad u xoog badan ayey la lahayd safaaradihii Ingiriiska iyo Maraykanka ee Masar ku yaalley, waxayna dumarka ugu yeeri jirtey in lagu daydo haweenkii Ingiriiska, ugu dambeynna iyadaa gacanteeda isku dishay.

Arrinkaa waxaa fududeeyey gumeysigii, waxaana aasaasmay ururro iyo xisbiyo ay saldhig u tahay fikraddii iyo aragtidii gumeysiga. Kacdoonkaa la magac baxay Xoreynta Dumarka waxaa halkudhig u ahaa in laga takhaluso xijaabka, in la banneeyo isdhexgalka ragga iyo dumarka, in la joojiyo guurka badan, in la oggolaado in gabadhu guursan karto nin aan muslim ahayn.

Waxay dumarkaas xag-jirka ahi bilaabeen inay dagaal ku qaadaan cid kasta iyo wax kasta oo ka hor imaanaya kacdoonkooda. Waxay bilaabeen inay la dagaallamaan diimaha, iyagoo u arkaya inay u eexanayaan ragga, dumarkana ay dulmi ku hayaan. Waxyaabihii ay marqaatiga ka dhigteen ee muujinaya in Islaamku dumarka dulmi ku hayo waxaa ka mid ahaa, hoggaanka reerka ee ragga la siiyey, dhaxalka oo gabadhu wiilka barkiis ay helayso, maragga oo labadii haween ay nin la mid yihiin, guurka badan ee ragga loo fasaxay iyo in dumarka jirkooda cawro laga dhigay, iyo waxyaabo la mid ah.

Axaadiis badan oo sixiix ah oo ay u arkeen inay fikraddooda ka hor imaanayso ayey dureen. Waxa kale oo ay dureen, waxna ka sheegeen culimadii Islaamka, waxayna qaarkood ku sheegeen inay dib-dhac tahay in loo hoggaansamo culimadii hore iyagoo noolaa waqti mugdi ah, haddana la joogo xilli horumar. Diinta ku dhaqankeeda waxay ka dhigeen dib-dhac iyo sharci aan la jaanqaadi karin dunidan ilbaxnimada iyo horumarka gaartey. Dagaalkoodu markii hore ragga ayuu ku wajahnaa, laakiin wuxuu markii dambe u wareegey Islaamka la dagaallankiisa.[31]

Dumarkaasu dagaalkii waxay gaarsiiyeen ururkii Qarammada midoobey si ay fikraddaa xag-jirnimada ah u sharciyeeyaan. Bartamihii iyo dhammaadkii toddobaatameeyadii ayaa waxay bilaabeen olole ballaaran oo ay rabaan inay xididdada ugu siibaan waxa ay ugu yeereen kala sarraynta ragga iyo dumarka. Qoraallo badan ayey diyaariyeen, waxayna soo saareen bayaan ay ugu magac dareen, "Dabar-goynta nooc kasta oo fuquuqidda haweenka ah" (Elimination of All Forms of Discrimination against Women), marka la soo gaabiyona loo yaqaan CEDAW. Kulan ballaaran oo loogu magac daray, "World Conference on the United Nations Decade for Women: Equality, Development and Peace", laguna qabtay magaalo madaxda Denmark Koobanheegan, sannadkii 1980 ayaa lagu ansixiyey in la baabi'iyo wax kasta

---

31 Tixraaca hore

oo kala-duwanaan labada jinsi ah.[32]

Sida uu ku sheegay Maxammed Camaara hordhaca kitaabka Mathnaa Amiin (2011), arrimaha iyo heshiisyada caalamiga ah ee ku saabsan dumarka waxaa gacanta ku haya hay'ado hoos taga saddex qolo: Dumarka xag-jirka ah (Feminism), kuwo la dagaallama taranka dadka iyo qolada fongoran ee jinsi-gudka ah (lesbian). Guddiga dumarka ee qarammada midoobey waxaa aasaasay haweeney iskaandineefiynaka (Sweden, Denmark iyo Norway) u dhalatay, waxayna aaminsan tahay guurka aan xadka lahayn oo qofku ciddii uu doono; nin iyo haween uu guursan karo, waxayna ka soo horjeeddaa qoysnimada, guurkana waxay u aragtaa dabar ama xakame, sidoo kalena xoriyadda qofku inay noqoto mid aan xad lahayn.

Arragtidaa foosha xun waxay keentay in weerar cad lagu qaado nidaamkii dunida Alle ugu talogalay, wuxuuna kacdoonkii isku beddeley kacdoon lagu kacay Alle, diinta, dhaqanka, taariikhda, luqadda, asluubta iyo habkii dunida looga noolaa. Haddii uu ahaa dhaqdhaqaaq bilowgiisii hore xuquuqda dumarka lagu doonayey, markii dambe wuxuu noqday, ilaa haddana ku socdaa, mid ku tunta xuquuqdii Alle, kana horyimaada sidii uu dunida ugu talo galay. Wuxuu keenay in wax kasta oo laga xishoon jirey ama xumaan loo arki jirey ka soo horjeedkeeda la qaato. In xumaantu faafto ilaa la gaarey in la yiraahdo 95% gabdhaha reer Sweden waxay sameeyaan gogol-dhaaf guurka ka hor. Waxay gaartey in aqoonyahankii reer Galbeedku, intay la yaabaan waxa socda, ay qaarkood yiraahdaan, "Bulshadii Galbeedku geeri ayey ku jirtaa, waxayna rabtaa in dunidu daba-gasho". Mid kale ayaa, isagoo fajacsan yiri, "Waxaan ku sugannahay diin

32 United Nations Department of Public Information, (2009).

cusub oo ay wadaan Qawmu-luud cusub".

Aqoonyahan badan ayaa wax ka qoray masiibada uu keenay dhaqdhaqaaqii dumarku. Qoraa reer Yurub ah oo ka hadlaya arrintaa sinnaan raadinta ayaa wuxuu yiri, "Haweeneydii way gadoodey iyadoo raadinaysa inay ragga la simanto xuquuq ahaan, laakiin waxay illowdey kala duwanaanta weyn ee labadooda u dhexeeya jir ahaan iyo caqli ahaanba. Haba ku guuleysato waxay raadinaysey, laakiin Yurub waxay ka dhigtay sidii nin safar ku jira oo aan garaneyn guri uu dego iyo reer uu ku hoydo".[33]

Qoraagaasu wuxuu ka gubanayaa oo cabbirayaa faa'iidadii kacdoonkii dumarku keenay iyo sida uu noqday qoyskii Yurub ku noolaa iyo sida uu u burburay. Waa qoys haawanaya oo aan lahayn wixii reer dhisan lagu yaqaanney. Qoraa kale oo Ingiriis ah ayaa isna inta la yaabay sida loo kala garan la'yahay raggii iyo dumarkii ayaa wuxuu yiri, "Wax badan baa annaga Ingiriiska ah arrimihii isaga kaaya darmeen. Ma kala garaneysid haddii saf dhugdhugley (Mooto) ahi kor kaaga muuqdaan inay rag ama dumar yihiin. Kulligood timuhu waa u gaaban yihiin, waxayna xiran yihiin sarwaallo gaagaaban, sigaarna waa cabbayaan. Waa yaab casrigan raggii u beddeley dumar, dumarkiina rag!".

Waxaa bilowdey kacdoon hoose iyo guux ka soo yeeraya bulshada intoodii wax garaneysey ee dareentay khatarta ay ku sugan tahay bulshadii Galbeedka. Waxay arkeen inay wax walba lumiyeen, burbur guudna ay qarka u saaran yihiin. Waxay xaqiiqsadeen dumarkii guryaha laga saaray ee goobaha shaqada loo diray, sidaana loogu tusay inay xornimo tahay, ay baaba' ku sugan yihiin.

33 Mustafa Sibaaci (2003).

Mustafa Sibaaci (2003) isagoo soo xiganaya qoraal uu nin Masri ah uu joornaalka Akhbaarul Qaahira ku qoray ayaa wuxuu yiri, "Wuxuu yiri, Ustaad Cali Amiin, `waxaan ahaa ragga u ololeeya inay haweenku ka qayb qaataan arrimaha nolosha, waxaanan dumarka ugu yeeri jirey inay shaqo raadsadaan si ay u kordhiso dhaqaalaha reerka, heerka nolosha waddankana kor ugu qaaddo, laakiin maanta ayaan akhriyey joornaal Maraykanka ka soo baxa oo ditoorad Maraykan ahi ay ku qortay baaritaan ay sameysey. Waxay caddeysey in dhibaatooyinka haysta qoysaska Maraykanka iyo arrimaha ka dambeeya dambiyada bulshada ku sii badanaya ay sabab u tahay in haweeneydu ay gurigii ka baxday iyadoo rabta inay kordhiso dhaqaalaha qoyska. Dhaqaalihii waa kordhay laakiin waxaa baaba'ay anshaxii".

Saamir Saqaa (2011) sida uu sheegay, dumar badan oo muslimiin ahaa ayaa gadaal iska qabtay markii ay arkeen inay laf cad toobin ku hayaan. Wuxuu soo qaatay qoraal ay sameysey haweeney reer Masar ah oo la oran jirey Suheyr Alqalmaawi, waxayna ka mid ahayd dumarkii u ololeyn jirey in dumarku ku daydaan gabdhaha Galbeedka. Qoraalku wuxuu ahaa qormo ay kaga jawaabeysey mid ay sameysey gabar reer Galbeed ah oo ka gubaneysa sida uu ku sugan yahay reerkii Galbeedku iyo sida ay ugu calaacalayso noloshii hooyadeed iyo ayeeyooyinkeed ay ku noolaayeen. Waxay qiraysaa gabadhaasi in noloshii ayeeyooyinkeed oo ahaa kuwo guriga ku xabbisan, xuquuqna aan ku haysan iyo midda hadda ay ku nool yihiin dumarka xornimada u ololeeyaa aanay kala dhib yareyn.

Qoraalkii Suheyr waxaa ka mid ahaa, "Gabadha reer Masar, caqligeeda saxda ah marka ay wax ku eegto waxay ogaaneysaa inaanay suurtogal ahayn inay noqoto ninka oo kale, waayo arrinkaasu waa dhalanrog xagga abuurka iyo dhaqanka ah, dhalan-rogna ma aqbalaan. Sida aanu ninkuba u noqon karin haweeney ayaaney haweeneyduna u noqon karin nin. Maxaa wax la isugu ekeysiinayaa mar haddii kii la isku ekeysiinayey aanu ahayn kii saxda ahaa!"

Iyadoo hadalkii sii wadda ayey tiri, "ALLAAH dumarka wuxuu u abuuray si ka duwan ragga, kala duwanaantaasina waa sirta sarreynta labada jinsi iyo waaritaankooda. Haddii Alle doono inuu abuuro rag xoog badan oo lagu magacaabo rag, iyo rag xoog yar oo lagu magacaabo dumar, lagama heleen jirka dumarka, qaabkeeda iyo xubnaheeda, kala duwanaantaan ay maalin walba soo bandhigayaan baaritaannadu oo ay noo muuqanayso wax la yaab leh oo aannan fileyn. Alle dumarka wuxuu u abuurey ujeeddo, raggana wuxuu u abuurey ujeeddo, mid kastaana wuxuu ku socdaa ujeeddadaa loo abuuray. Haddii midkood ka leexdo oo uu u weecdo shaqada midka kale, waxaa lumaya noloshii bulshada, waxaana isku dhexyaacaya isku dheellitirkeedii.

Khilaafka oo dhan wuxuu ka imaanayaa kala saaridda shaqada; ninku wuu shaqeynayaa, haweeneydana waxaa waajib ku ah inay guriga ka shaqeyso, dibadda haddii ay ka shaqeysana waa inay iyadoo gabar ah ka shaqeysaa. Ma ahan inay astaamihii ninka qaadato, shaatigii ninkana gashato, markaana ay dadnimadeedii lunto. Hawsha koowaad ee haweeneyda waa hooyannimada, midda koowaad ee ninkana waa inuu arrinkaa gbadha ku garab-istaagaa, kuna fekero inuu jiilka soo koraya u diyaariyo waddan iyo bulsho fiican. Haddii haweeneydu u dhabbo-geli lahayd arrinkan, fahmina lahayd waxa ku qarsoon, sabab kasta iyo dagaal kastaba, marna kama tanaasusheen dumarnimadeeda".

Hadalkaas xaqiiqda xanbaarsani ma ahan mid ay haweeneydaasi keligeed ku tahay, waa mid ay la wadaagaan wax garad kasta, rag iyo dumarba. Waxaad mooddaa inay ku leedahay gabdhaha muslimiinta ah ee dhaankaa dabangaalle dabo orday, "Haddii aan ku qanci weyney waxa diinteennu noo doortay, waa kaa cilmigii qiray waxa diintu noo sheegtay".

Mustafa Sibaaci (2003) wuxuu soo qaatay cod bixin ay sameysey hay'ad Maraykan ah, ayna ka qaaddey haween shaqeeya, waxayna ku soo gabogabeysey in 65% haweenka Maraykanku ay doorbidayaan inay gurigoodii ku noqdaan, una gacan-bannaanaadaan korinta ilmahooda.

Saamir Saqaa (2011) wuxuu buuggiisa ku xusay hadal uu ka soo qaatay lammaane Ustaraaliya u dhashay:

"Haddii aan fahanno taariikhda isbeddelka uunka, ogaannana kala duwanaanta fog ee u dhaxeysa labka iyo dheddigga, waxaa noo suurtoobi lahayd inaan u wada noolaanno si sahlan iyadoo kala duwanaantaasu jirto. Waxayba na bari lahayd sidii aan u tixgelin lahayn, uguna noolaan lahayn nolol fiican. Ragga waxaa cajabiya oo soo jiita madaxnimada, qaalib noqoshada iyo xiriirka dumarka, dumarkana waxaa soo jiita wada xiriirka, xasilloonida iyo jaceylka. Qofkii arrimahaa dhiga meel qalaad, wuxuu la mid yahay qof la yaabay inay samadu roob da'do, roobkuna waa imaan, diidnayaa ama yeelnayaa! Qofku inuu ogaado inuu roob soo socdo, waxay u fududeyneysaa inuu ka foojignaado, dalladna uu qaato. Sidaas oo kale xiriirka labada lammaane wuxuu abuurayaa madmadow la filayo dhicitaankiisa haddii ay ka timaaddo kala duwanaanta labada jinsi, suurtogalna ay tahay in laga foojignaado natiijadiisa".

Labada lammaane waxay noo muujinayaan in waxa na saarani ay yihiin inaan shay walba sida uu yahay aan ula dhaqanno, halkii aan isku dayi lahayn inaan ka didno.

Roobka haddii aad ogtahay inaadan celin karin, waxaa ku saaran inaad xal u raadiso sidii aad dhibka uu keeni karo uga bedbaadi lahayd, faa'iidada uu watona aad wax ugu qabsan lahayd. Sidaas oo kale, haddii labadii jinsi ay wax badan ku kala duwan yihiin, waxa na saarani waa inaan kala duwanaantaa ku talo-galnaa, waxna ku qaybsannaa.

"Jahliga ama diididda kala duwanaanta, run ahaantii waxay dunida ka dhigtay meel u daran dumarka. Lionel Tiger oo ah boroofisar ku takhasusay dadka iyo dhaqankooda (Anthropologist) ayaa ku dooday in arrinta inta badan dunida la aqbalay ee ah in ragga iyo dumarku siman yihiin ay, si la dareemi karo, keentay kala duwanaan weyn. Haddii aad inkirto caddeymaha kala duwanaanta ragga iyo dumarka, ma beddeli kartin dhaqanka iyo qaab-dhismeedka si ay ugu habboonaato kala duwanaantaa. Sidaa darteed, waa dumarka cidda ay saaran tahay waxa ku habboon naftooda, waxaana la weydiisanayaa inay ragga kula tartamaan arrin ragga loo asteeyey. Ciribta arrinkaa wuxuu ku dambaynayaa inay ku sii jiraan caydnaan iyo in ciil iyo walaac u sii kordho". (Anne Moir and David Jessel (1992).

Lama soo koobi karo qaylo-dhaanta meel walba is qabsatay iyo dumarka ka shallaayaya jidkii khaldanaa ee ay qaadeen. Waxay ogaadeen in kacdoonkii la marin-habaabiyey, uuna keenay isdhexyaac bulshadii ah iyo isfeeryaac nidaamkii dunida ah. Waxaa kacdoonkaa laga dhaxlay inuu burburo qoyskii, anshaxii iyo dhaqankii wanaagsanaana laga tago. In cadaawad laga dhex abuuro wiil iyo hooyadi iyo walaashi, aabbe iyo ooridiisiina dab laga dhex-shido. In la cayn-wareejiyo nidaamkii dunida, taladeediina loo dhigo si aan loogu talo-gelin. In shaqo la'aantii ay badato markii ay dumarkii raggii ku ciriiryeen goobihii shaqada. Isdhexgalkii ragga iyo dumarku inuu keeno inay xumaantii badato, ilmaha aan guurka ku dhalanna ay tiro-dhaafaan. Isdilku inuu bato, welibana kuwa isdilayaa ay yihiin kuwa dadka ugu nolosha fiican, farxaddii iyo isjacaylkiina bulshada laga dhex waayo.

QAYBTA LIXAAD

WAXYAABAHA GALBEEDKU ISLAAMKA KU DURAAN

MUUQAALLADA BEENTA ah ee Islaamka laga bixiyo, iyadoo la isu muujinayo in loo dagaallamayo xuquuqda haweenka, waxaa ka mid ah in Islaamku qiray inay jirto kala duwanaan ragga iyo dumarka ah, arrinkaana ay ka dhalatay in ninka iyo haweeneydu ay yeeshaan xuquuqo kala duwan, wax walbana aanay u sinnayn. Waxay ku dureen in Islaamku uu garab siinayo dulmigii dumarka lagu hayey oo aanu oggoleyn sinnaanta ragga iyo dumarka.

Waxyaabaha ay soo qaataan waxaa ka mid ah inaan haweeneyda loo oggoleyn inay madax noqoto, in la liido, in shaqadeeda laga dhigay guriga oo aan loo oggoleyn inay dibadda ka soo shaqeyso, dhaxalka in ragga loo badiyey, magteedu inay ka hooseyso midda ragga, markhaatiga hal nin inuu u dhigmo labo haween ah, inaanay keligeed safar geli karin, in furitaanku ninka gacantiisa ku jiro. Sidoo kale, in gabadha lagu qasbo guurka, in ninku guursan karo dumar badan, in la dilo, inaanay dhaqaaleheeda u madax bannaaneyn, inaanay jirkeeda xor u ahayn oo aanay ninkeeda isu diidi karin iyo waxyaabo la mid ah.

Eedeymahaa ay Islaamka u soo jeediyaan, kuna durayaan waxay isugu jiraan kuwo aan eed ahayn, cid walba oo arrinkaa u dhabbo-gashaana ay qirayso inaan la helayn xal ka wanaagsan sida Islaamku wax u qorsheeyey, iyo eedaymo aan Islaamka sal ku lahayn. Waxaa badan gefaf ka dhaca dadyowga muslimiinta, gefafkaas oo aan diinta looga helayn wax taageeraya. Iskaba daaye, waxyaabo badan oo diintu diiddan tahay ayaa dadka muslimiinta ahi sameeyaan, waxyaabahaasina waxay u badan yihiin dhaqan iyo caado dadku dhexgeliyeen diinta. Taasi waxay keentay in waxyaabo badan oo dhaqammo ah loo tiiriyo Islaamka, kuwaas oo muuqaal xumeeyey diinta. Arrimahaas waxaan ka soo qaadan karnaa dhowr arrimood, waxayna ka mid yihiin eedaymaha Islaamka loo jeediyo, diinta laftigeeduna ay ka digtey.

Guurka jujuubka ah

Guurka jujuubka ah ayaa ka mid ah waxyaabaha loo tiiriyo Islaamka, arrinkaasna Islaamku meel cad ayuu iska taagey. Sidii aan horey u soo xusnayba, gabadha waxaa la siiyey xornimo ay ku diidi karto ninkii loo guuriyo amaba lagu meheriyo iyadoon raalli ka ahayn. Dhib ma leh haddii aan mar labaad xusno xadiiskii Nabiga (ﷺ) ee uu amarka ku bixiyey inaan haweeneyda ninka soo martay la guurin karin in fasax laga helo mooyaane, gabadha ugubna oggolaansho laga helo. Sidoo kale ayuu Nabigu (ﷺ) wuxuu fasax u siiyey gabdho loo guuriyey rag aanay dooneyn inay diidi karaan, markaana uu guurkii waxba-kama-jiraan noqonayo.[34]

34)(Horey ayaan u soo marnay. Fiiri `Xaqeeda Guurka'

Axaadiistani waxay muujinaysaa in dad badan ay isaga darsantay dhaqammo badan oo kala duwan oo ay leeyihiin dadyowga muslimiinta ah iyo waxa diintu oggoshahay. Arrimahaa khaladka ah ee ay diintu diiddan tahay ayaa Islaamka loo tiiriyey, taana waxay dhaawacday magacii diinta.

Dilka Sharaf-dhowrka

Waxyaabaha muslimiinta ka dhexdhaca, Islaamkuna aanu oggoleyn waxaa ka mid ah dilka loo bixiyey Dilka Sharaf-dhowrka (Honour killing). Waa dilka qof lagu eedeeyey inuu meel uga dhacay sharaftii iyo magacii qoyska ama qabiilka. Dilka noocaas ah muslimiinta gaar kuma ahan ee waxaa jira waddammada qaar waxuun ka oggol dilalka ay keenaan caro ama qofka oo ka kaca sharaftiisa oo lagu xadgudbo sida midka loo yaqaan `Crime of Passion' oo u eg midka aan annagu maseyr ama hinaase u naqaan. Sida Tracy McVeigh (2009) waxay sheegtay in waddamo ay ka mid yihiin Arjantiin, Peeru iyo Israa'iil ayaa ku tiriya dilka ku yimaada qofka oo dareenkiisu kaco, sida midka uu keeno qofka oo lammaanihiisa qof kale ku arka, is-difaac dhammeystiran ama is-difaac aan dhammaystirnayn (full or partial defence).

Qoraalka Tracy oo ku soo baxay warsidaha caanka ah ee The Gaurdian, kana soo baxa Ingiriiska ayaa waxay wax ka sheegtay sida Ingiriiska ay uga dhacaan dilka lagu magacaabo Dilka Sharaf-dhowrka. Boolisku waxay qiyaaseen in 12 qof sannadkii lagu dilo Ingiriiska iyadoo kuwo kale ay qarsoon yihiin. Wuxuu sheegay dumarka da'doodu u dhaxayso 16 iyo 24 ee ka soo jeeda waddammada Bangaaladheesh, Hindiya iyo Bakistaan ay ku dhow yihiin saddex-laab inay isdilaan, marka loo eego qiyaasta waddanka ee dumarka da'dooda ah. Waxa kale oo uu xusay in Bakistaan loo dilo sharaf-dhowr ilaa toban kun oo dumar ah, Suuriya ninku wuxuu u dili karaa gabar ay qaraabo yihiin hinaaso, sidoo kale Urdun ninku naagtiisa wuu dili karaa haddii uu ku ogaado gogol-dhaaf.

Guurka Badan

La guursigu waa arrimaha ay qolada dumarka xuquuqdooda u ololeeyaa ay Islaamka ku duraan, wuxuuna noqday dabinnada ay ku gaadaan gabdhaha muslimiinta ah. Waxaa looga dhigay in xuquuqda guurka ee labada nooc ee dadka ay siman tahay, wixii ninka u bannaan gabadhana loo banneeyo. Dagaal adag ayey reer Galbeedku Islaamka ku qaadeen iyagoo ku marmarsiiyoonaya in Islaamku uu dumarka ku xad-gudbo.

Sida ay sheegeen Mohammad A. Khan and Hidayat Ur Rehman. (2016), waxaa mudan in la xuso inaanu Islaamku ugu horreyn banneynta guurka badan, laakiin ay uga horreeyeen diimihii iyo ilbaxnimooyinkii hore. Islaamku waa diinta keliya ee koobtay inta haween ee ninku guursan karo. sidoo kale, waa diinta qur ah ee hal haween ah inuu ninku ku koobnaan karo xustay. Tira kooban ma laha diimaha kale, ninku intii uu doono ayuu guursan karaa Yuhuudda waxaa ninka loo banneeyey inuu guursan karo intuu doono oo dumar ah. Sida uu xusay Mustafa Subaaci (2003), nabiyadii reer Banii Israa'iilna dumar badan ayey guursadeen, kitaabka Tawreetna waxaa ku xusan in Nabi Suleymaan uu guursadey 700 oo dumar xor ah iyo 300 oo addoommo ah. Taariikhdu waxay sugaysaa in hoggaamiyayaashii Kaniisadaha qaarkood ay dumar badan guursadeen. Guurka badan ee ay kaniisaddu fasaxday wuxuu soo gaarey qarnigii 17aad. Ilbaxnimooyinkii hore sida Giriigga, Shiinaha, Hindida, beershiya, iwm waxaa bannaanaa inuu ninku dumar badan guursan karo, wuxuuba gaarey nin ka mid ahaa boqortooyadii Shiinaha ilaa 3000 oo haween ah.

Kiristanka Afrika ilaa hadda waxaa ka jira guurka badan, ninkuna wuxuu guursan karaa inta uu doono. Yurub dhankeeda, dadkii deggenaa magaalada Boon ee Jarmalka ayaa, sidoo kale, dawladda u gudbiyey inay dastuurka ku darto oggolaanshaha guurka badan, markaa kaddib ayey dawladda Jarmalku wafti u dirty culimmadii jaamacadda Azhar, iyagoo wax ka weydiinaya habka Islaamka ee la-guursiga.

Xilligii Hitler wuxuu muujiyey inuu rabo inuu sharci ka dhigo la-guursiga, laakiin dagaalkii uu galay ayaa ka mashquuliyey. Sidaas oo kale ayaa waddamo badan oo Yurub ahi waxay muujiyeen walwalka ay ka qabaan badashada tirada dumarka, gaar ahaan labadii dagaal kaddib, iyo mushkiladda bulshada ku soo fool leh, talooyinkii la soo jeediyey oo dhibkaa xal u noqon lahaana waxaa ugu badnaa in la banneeyo guurka badan.

Rahmin T. Husain et. al (2019), waxay ku doodeen in Islaamku uu ku xiray shuruud ninkii raba inuu guurka badiyo oo ay ugu horreyso caddaaladda iyo inuu si siman ula dhaqmo xaasaskiisa. Marka la soo koobo labo arrimood ayaa laga rabaa ninka hal haween ka badan guursanaya. Tan hore, inuu si siman ula dhaqmo oo aanu u kala eexan, marka ay noqoto xiriir kasta oo ninka iyo xaaskiisa dhexmara. Tan labaad, inuu awoodo oo ka soo bixi karo marasho iyo masruuf waxa reerku u baahan yahay.

Mustafa Subaaci (2003), wuxuu soo guuriyey qoraal ay qortay haweeney Ingiriis ah oo ka caalacalaysa dhibaatada hareysey dumarkii Ingiriiska, waxayna sheegtay in daawada dhibkaa looga bixi karaa ay tahay in ninka loo fasaxo inuu dumar badan guursado, sidaas ayaana loo baabi'in karaa xumaantaa iyo balaayadaa aan balaayadu dhaafin ee ah in ninka Yurubiyaanka ah lagu qasbo inuu hal haweeney ah guursado.

Waxaa xaqiiq ah inaanay run ahayn in ninka Yurub ku nool uu hal haweeney ah ku kooban yahay, laakiin waxaa la caddeeyey inuu xaq u leeyahay inuu la saaxiibi karo haweeneydii uu doonaba. Shiikh Mustafa isagoo sii wada wuxuu sheegay in qoraa Faransiis ah uu xusay inay jiraan guryo qarsoon oo raggu leeyahay, halka ninka muslimka ahi aanu u baahneyn inuu isqariyo haddii uu u baahan yahay inuu xaas labaad guursado. Wuxuu sheegay inay arrintaasu dhashay in ilmihii muslimka ahaa ee ay hooyooyinka kala duwani dhaleen ay siman yihiin, isna garanayaan, halka kuwa Faransiiska ee lagu dhalay gogosha qarsoon ay yihiin kuwo sharciga ka baxsan.

Michele Alexandre. (2007) sida ay xustay, Maraykanka guurka badan wuxuu soo gaaray qarnigii 19aad, si aan qarsoodi aheyn ayeyna wadaaddada kaniisaddu u caddeysteen. Qaar ka mid ah baadariyada kaniisadda ayaa sheegtay in waxyi lagu soo dejiyey sheegaya in guurka badan uu yahay rabitaan dhanka Alle ka yimid. Inkastoo Maraykanku ka dhigay la guursiga sharcidarro, haddana ilaa maanta guurka badani waa ka jiraa Maraykanka, haba u badnaadeen koox ka tirsan kaniisad loo yaqaan Mormon Church. Guurka badan kuma koobna qolada kaniisaddaa ka tirsan, waa arrin qarsoodi dhaaftay oo ka jirta Maraykanka gudihiisa, gaar ahaan Maraykanka Madow. xilligan la joogo kooxo badan oo ay dumar ku jiraan ayaa Maraykanka gudihiisa u ololeeya la guursiga.

Mustafa Sibaaci (2003) wuxuu sheegay in kooxdaa ka tirsan Kaniisadda Mormon, looguna yeero Mormons, lagu tilmaamo inay yihiin kiristan xag-jir ah oo qaba in ninku guursan karo dumar badan, qaarkoodna ilaa toban xaas ayey gaarsiiyaan. Waxay ka aasaasmeen Maraykanka, xaruntooduna waa Utah, fikraddoodana waxay ku faaftay dunida inteeda kale. Walow ay ugu badan yihiin Waqooyiga Ameerika, haddana intooda badani waxay ku nool yihiin Maraykanka dibaddiisa. Waxay aad uga soo horjeedaan guur la'aanta, ilmaha la soo tuuro, gogol-dhaafka, khamriga, qamaarka, guurka silloon, sigaarka, sawirrada xunxun. Dawladihii Maraykanku aad ayey ula dagaallameen, waxayna ku qasbeen inaanay hal naag ka badan guursan karin, laakiin cadaadiskaasu kama reebin inay guur-badinta aaminsan yihiin.

Mustafa ayaa wuxuu tusaale u soo qaatay nin kooxdaa ka mid ah oo arrinkiisa ka warramaya, wuxuuna yiri, "Waxaan qabaa shan haween ah, maxayse dadku arrinkaa ula yaabayaan! Haddii aan weydiinno nin kasta oo Maraykan ah fikraddiisa dumarka ku aaddan miyaanu jeclayn inuu guursado hal naag ka badan?!" Qoraa Ingiriis ah oo arrinkaa taageeraya ayaa wuxuu yiri, "Waxaa yar in dunida la helo nin jecel inuu noloshiisa ku dhammaysto hal naag oo keliya".

Waxay Galbeedku aqbaleen wax u eg guur-badin markii ay bateen ilmaha aan sharciga ku dhalan iyo khilaafka masruufidda ah ee ka dhexdhaca labada ilmahaa kala dhalay. Waxaa la xukumay in ilmahaa loo aqoonsanayo aabbihi, masruufkuna uu isaga saaran yahay. Miyaanay arrintaasu ahayn in la oggolaaday inuu ninku naag aanu qabin uu ilmo ka dhali karo, ilmahaasuna uu isaga ku abtirsanayo, masruufkiisa iyo korintiisuna ay isaga saaran tahay. Miyaaney ahayn labo arrimmood oo iska hor imaanaya in arrin la diido, haddana natiijada ka soo baxda la aqbalo. In la yiraahdo lama oggola inaad labo naagood iyo ka badan guursato, laakiin haddii ay ilmo kuu dhasho naag aadan qabin ilmahaa waa sharci oo adiga ayaa lagu haleeshiinayaa, wax dambi ahna laguu raacan maayo, soo wax la yaab leh ma ahan. Taasi waxay caddeyneysaa inay is khilaafsan yihiin waxa waraaqaha ku qoran iyo waxa bulshada Galbeedku ku dhaqmaan.

Anne Moir iyo David Jessel (1992) waxay sheegeen in baaritaanno ay sameeyeen aqoonyahanno wax ka qoray kala duwanaanta labada jinsi ay caddeeyeen in ninka iyo haweeneydu ay ku kala duwan yihiin xagga galmada. Waa wax ninka ku abuuran inuu raadiyo u tagidda dumar kala duwan, wuxuuna xiriir jacayl iyo mid galmo la wadaagi karaa dumar kala duwan, haweeneyduse waxay jeceshahay inay galmo la wadaagto nin ay jeceshahay, halka ninku uu xoogga saaro galmada. Haweeneydu qalbigeedu uma qaybsami karo labo xiriir halka ninku uu awood u leeyahay.

Waxay caddeeyeen in arrinkaas yahay mid ku abuuran laboodka, waxayna yiraahdeen:

"Waa wax uu og yahay qof kasta oo xoolo dhaqda in, haddii uu dibigu sac boodo, uu haddana si degdeg ah u himiloonayo haddii uu boodayo sac kale. Dibiga rabitaankiisa galmo ee saca toddobaad waxay u xoog badan tahay sida midda sacii koowaad. Wanka haddii uu hal lax keliya boodo shan jeer ka badan ma biyo-baxayo, laakiin haddii lax kale lagu beddelo wuxuu u boodayaa si la mid ah sida middii ugu horreysey. Xataa kuma khaldi kartid mid uu horey u soo boodey. Haddii aad madaxa jawaan u geliso laxdii hore, ama aad si kale ugu qarisid, wanka iyo dibiguba waxay u badan tahay inay sanka ka duwdaan".

Iyagoo sii wada ayey qireen in rabitaanka galmo ee kala duwan ay tahay wax ku abuuran ragga, baaritaannadii la sameeyey oo dhanna ay qireen in ninku rabo galmo kala duwan, haddii aanay jirin wax xakameeyana ay raggu sameyn lahaayeen galmo aan xad lahayn. Sidoo kale, guurku inuu ku dhisan yahay jaceyl, haweeneyduna waxay galmo la wadaagtaa nin ay jeceshahay, ninkuna wuxuu galmada badan uga joogaa jacaylka.

Baaritaanku wuxuu muujinayaa in dumarku ay gogol la seexato nin ay jeceshahay, jirkeedana aanay cid kale u oggoleyn, halka ninku, haddii aanu tixgelineyn jacaylka uu xaaskiisa u qabo, uu dumar kale raadin lahaa.

Dhacdo arrintaa taageereysa ayey Anne Moir iyo David Jessel (1992) ayey soo qaateen. Waxay sheegeen qiso ka dhacday meel lagu xannaaneeyo digaagga oo ku taal Maraykanka. Waxaa xeradii soo booqday madaxweynihii waddanka iyo xaaskiisii. Iyagoo xeradii dhinac maraya ayaa haweeneydii waxay weyddiisey qoladii xannaanada inta jeer ee uu diiqu boodo digaagadda, "Marar badan," ayaa loogu jawaabey, waxayna codsatay in arrinkaa madaxweynaha loo sheego, waana lagu taabtay. Markii madaxweynihii arrinkii loo gudbiyey ayaa wuxuu weyddiiyey inuu diiqu hal digaagad ku noqnoqdo iyo inkale, wuxuuna ilaaliyihii la soo boodey, "Maya, madaxweyne, mar kasta waa digaagad cusub!" Madaxweynihii intuu madaxa ruxay ayuu isna codsaday in xaaskiisa loo sheego.

Dhaxalka

Gabadha oo dhaxalka la siiyo wiilka barki waxay ka mid tahay waxyaabaha ay soo daliishadaan qolada dumarka u ololeeya. Run ahaantii, qofkii aan xog ka hayn arrimaha dhaqaalaha ee Islaamka iyo sida uu u kala ratibay wuxuu ku dhacayaa dabinkaa ay gaaladu dhigtay. Haddii uu qofku fahmo dhaqaalaha Islaamka wuxuu ku qancayaa qaybta gabadha la siiyey.

Islaamku wuxuu fiiriyaa xuquuqda qofka lagu leeyahay iyo waajibaadka saaran, markaas ayuu qofka u jaangooyaa dhaqaale ku sar go'an waajibaadka saaran. Tusaale ahaan, haddii wiilku helo 30 neef oo geel ah, gabadhuna ay hesho 15 neef waa maxay culayska dhaqaale ee mid walba fuulaya? Wiilka waxaa laga rabaa inuu meher bixiyo, inuu masruufo reerkiisa, xidid iyo xigaaloba inuu wax ka siiyo, gabadhuse waxay helaysaa, haddii la guursado, meher uu ninka guursadey siinayo, cid ay biilaysaana ma jirto. Wiilku wixii uu helay dib ayuu u bixinayaa, gabadhuse intii ay heshay way keydsaneysaa, wax dheeraad ahna way helaysaa.

Mar walba raggu ma helo labanlaabka dhaxalka haweenta. Waxaa jira mararka qaar oo dheddigu ka badsado labka dhaxalka. Tusaale, haddii ay haweeney dhimato oo ay ka tagto ninkeedii, hooyo, labo wiil oo ay isku aabbe yihiin iyo gabar laxmi ah. Gabadhu waxay helaysaa lix meelood hal meel, labada wiilna waxay wadaagayaan lix meelood hal meel. Gabadhu waxay qaadatay inta labada wiil ay wadaageen. Mararka qaar si siman ayey labka iyo dheddigu wax u dhaxlaan. Tusaale, walaalaha isku hooyada ah gabadha iyo wiilku isku in ayey qaataan. Sidoo kale, haweeney haddii ay ka dhimato ninkeedii iyo gabar walaasheed ah, midkiiba bar ayuu qaadanayaa. Dhan kale marka laga eego, haweeneydu ilaha wax ka soo galaan way ka badan yihiin inta ragga ay wax ka soo galaan, culayska dhaqaale ee ragga saaranna wuu ka badan yahay midka dumarka saaran. Haweeneydu waxay wax ku heshaa dhaxal, meher iyo wixii ay gaar u tabcato. Ninka waxay wax ka soo galaan waa dhaxal iyo wixii uu gaar u tabcado. Sidaas oo ay tahay, ninka ayey saaran tahay wixii masruuf iyo marasho ah.[35]

Xaaladaha ninku uu qaato labanlaabka dheddigga waa wax kooban oo ilaa dhowr xaaladood lagu sheego. Sida dhaxalka lagu qaato waa labo qaybood; qayb go'an oo qofku inta uu qaadanayo ay go'an tahay (فروض), dumarka ayaana u badan cidda wax ku qaadata iyo qayb aan go'neyn oo qaata wixii ka soo hara qolada hore oo lagu magacaabo (عصبة) oo inta badan raggu wax ku qaataan. Culimada dhaxalku waxay caddeeyeen in marka si guud loo eego ay dumarku ka dhaxal badan yihiin ragga, gaar ahaan qaybta go'an. Aqoonyahannada dhaxalka ayaa isbarbardhig ku sameeyey dhaxalka ninka iyo haweeneyda. Duudduub ahaan waxay ka dhigeen 25 xaaladood. Afar xaaladood haweeneydu waxay heshaa dhaxal ka yar inta ninku helo, toddoba xaaladood waxay haweeneydu dhaxashaa in la mid ah inta ninku dhaxlo, toban xaaladood waxay dhaxashaa in ka badan inta ninka, afar xaaladood haweeneydu way dhaxashaa, ninkuse ma dhaxlo. Marka si dhab ah loo eego, waxaa soo baxaya in haweenku guud ahaan ka dhaxal badan yihiin ragga, dadka ku dooda in haweeneydu hesho barka ninka waa qolo aan si tifaftiran ugu dhabbagelin ama aqoon u laheyn cilmiga dhaxalka. Waxaad moodda in la buunbuuniyey afarta jeer ee ninku helo in ka badan haweeneyda. Maxammed Xasan Walad-daddoow. (2018).

Hal tusaale oo kale aan soo qaadanno oo muujinaya in gabadhu ka dhaxal badan tahay wiilka marar badan. Haddii haweeney ay ka dhimato ninkeedii, aabbeheed, hooyadeen iyo gabar ay dhashay. Ninku wuxuu helayaa afar meelood hal meel, hooyada iyo aabbaha kiiba lix meelood hal meel, gabadhuse waxay helaysaa kala bar xoolaha oo dhan. Meesha

35 Kazi A. Hoque, et al. (2013).

gabadha haddii uu wiil ahaan lahaa, wuxuu dhaxli lahaa in ka yar inta gabadhu dhaxashay. Sidaan horey u soo xusnay, xaalado kale oo ay haweenku ninka ka dhaxl badan yihiin way jiraan. Fahad bin Sacad. (2018).

Waxaa la arkay wiil iyo gabar walaalo ah, mid walbaana reer leeyahay, dhaxalkii waalidkoodna sidii diintu qabtey u qaybsaday. Wiilku xoolihii uu helay biil iyo masruuf ayey uga bexeen, halka gabadhii ay xoogaageedii guntiga gashatay, illeyn biil laga sugayaa ma jiree. Alle wuxuu qaddarey in wiilkii uu gabadhii u baahday oo uu xoolo doon ugu tagey.

Waxaa loo dhegtaagey nidaamka Galbeedka ee gabadha ku dirqinaya inay shaqo doonato oo ay nolosheeda soo saarato. Maalinta ay ugu baahi badan tahay ee ay gashaanti noqoto ayaa reerkii ay ka dhalatay xafashka dibadda u soo dhigayaan, waxayna ku qasban tahay inay goobaha shaqada ragga kula hardanto. Masruuf ma leh, meherna ma leh, marka ay guursatana biilka reerka qaybteeda ayey ku leedahay. Gabadha noloshaa adag ku nool, nin xil u qabana aanu jirin, gar ayey u leedahay inay ka gilgilato in wiilku dhaxalka ka badsado. Waxaa hubaal ah in gabadha Galbeedku ay noloshaa gabadha muslimadda ah jaman lahayd haddii ay aqoon u lahaan lahayd nidaamka dhaqaale ee Islaamka.

Halkaa waxaan ka qaadaneynaa in dadka dhawaaqaa dabo orday ay yihiin kuwo ay dumarnimo qaaddey, ama jaahil diinta ka ah. Qof kasta oo shaqo u kallahaa wuu garan karaa inaanay suurtogal ahayn, caddaaladna ahayn in shirkaddu ay isku mushaar ka dhigto qof saacado badan shaqeeya iyo mid saacado yar shaqeeya. Qof walbaa hawsha uu qabanayo mushaar u dhigma ayuu leeyahay, waana arrin caddaalad ah. Sidaas ayuu Islaamku u sameeyey qorshe iyo nidaam dhaqaale oo isku dheellitiran, qof walbana xaqii uu lahaa uu si caddaalad ah ugu gooyey.

Magta

Dilka sida kaska ah u dhaca Islaamku wuxuu xaq u siiyey ehelada qofka la dilay inay dishaan qofkii dilka geystey, ama ay mag ka qaataan. Haddii ay noqoto in la dilo qofka wax diley, arrinkaa ragga iyo dumarku waa u siman yihiin. Qofka la diley haddii uu rag yahay ama haween yahay waa loo dilayaa qofkii diley, nin ha ahaado ama haweeney, waayo dilku waa ruux qof uu diley loo dilayo, qof ahaanna ragga iyo dumarku waa siman yihiin. Dilka kama'a ku dhaca ee ay magtu waajibeyso ayey ku kala duwan yihiin ninka iyo haweeneydu, magta haweeneyduna waa barka magta ninka.

Ibnu Mundir wuxuu ku sheegay kitaabkiisa Al-Ijmaac in magta haweeneydu ay tahay barka magta ninka.[36] Shiikh Nawawi wuxuu sheegay kitaabkiisa Al-majmuuc, "Magta haweeneydu waa barka magta ninka, waana hadalka culimadoo dhan ay isku raaceen marka laga reebo Al-Asami iyo Ibnu Culaya, waxayna yiraahdeen in magta ninka iyo haweeneydu ay isku mid tahay. Daliilkayagu waa midka aan ka soo guurinney kitaabkii Rasuulka (ﷺ) ee uu u diray reer Yaman, waxaana ku jirey, `magta haweeneydu waa barka magta ninka' iyo arrinta uu musannifku (Shiiraasi) ka soo guuriyey Cumar, Cusmaan, Cali, Ibnu Mascuud, Ibnu Camar, Ibnu Cabbaas iyo Sayd Ibnu Saabit ~ inay yiraahdeen, `magta haweeneydu waa barka magta ninka,' arrinkaana cid saxaabada ah oo ku diiddey ma jirto, waxayna tusinaysaa inay isku raaceen (Ijmaac).[37]

36 Ibnu Mundir (1999).

37 Abuu Zakariya Annawawi (2005).

Arrinkaasu wuxuu xiriir la leeyahay dhanka dhaqaalaha, mar haddii xoolo la bixinayo. Shiikh Mustafa Sibaaci (2003) ayaa, isagoo arrinkaa ka hadlaya wuxuu yiri, "Dilka kama'a ah ma jiro xal kale oo aan ka ahayn magdhow xooleed ama ciqaab xabsi ah iyo wixii la mid ah. Magdhowga xooleed, sida ay tahay mabaadi'diisa la oggol yahay, waa in loo eegaa khasaaraha dhaqaale inay mid yar tahay iyo inay badan tahay. khasaaraha ku imanaya reerka marka aabbuhu dhinto ma la midbaa midka ku imanaya marka hooyadu reerka ka baxdo?

Carruurta aabbahood kama'a lagu diley iyo hooyada ninkeedii kama' lagu diley waxay waayeen qofkii quudinayey ee u soo saarayey noloshooda. Laakiin carruurta la diley hooyadood iyo ninka xaaskiisii ay dhaaftay waxay waayeen dhan macnawi ah oo aan la taaban karin, xoolana aan lagu magdhabi karin. Magtu ma ahan qiime lagu qaddarey nafta la diley ee waxaa weeyaan qiimeyn khasaaraha xooleed ee qoyska ku imaanaya.

Markhaatiga

Waxyaabaha dumarka iyo raggu ku kala geddisan yihiin waxaa ka mid markhaatiga, sharciguna wuxuu kà dhigay meelaha qaar in halkii markhaati oo nin ah uu u dhigmo labo dumar ah, sida ay caddeynayso aayadda 282 ee suuradda Al-Baqara.

Mustafa Sibaaci (2003) wuxuu tilmaamay in kala duwanaanta halkan aanay xiriir la laheyn sharafta iyo karaamada iyo aadanenimada, laakiin in hal nin u dhigmo labo haween ah ay tahay arrin ka baxsan sharafta iyo qiimaha haweenka. Haddii aan milicsanno hawsha islaamku saaray haweeneyda, waxaan arkaynaa inay tahay hawsha hoose ee qoyska, taasina waxay keenaysaa in waqtigeeda inta ugu badan ay ku sugan tahay guriga, gaar ahaan waqtiyada wax kala iibsiga iyo ganacsiga.

Sidaa darteed, markhaati ka noqoshada haweeneyda arrimo ganacsi ku saabsan waa mid yar, waxa sidaas oo kale ahna uma badna inay ku dedaasho maskax ku haynteeda marka ay la kulanto, iyadoon sidaas u sii eegin ayey iska dhaafaysaa. Haddii ay arrimahaa ka markhaati kacayso, waxaa qaadiga ku soo dhici kara inay suurtogal tahay inay ismoodsiisey, ama illowdey. Haddii ay haweeney kale intii ay sheegtay ay ku celiso, waxaa meesha ka baxaya shakigii.

Sidaasi waa sida aayaddu ku caddahay oo ah in marka mid ay arrinka ku gafto ay midda kale xusuusiso. Sidaas ayaa culimmo badan waxay ku tageen inaan markhaatiga haweenka aan la aqbaleyn wixii ku saabsan dambiyada, sababtoo ah ma fududa inay goobjoog ka ahaato meelaha dambiyadu, sida dilka, ay ka dhacayaan. Haddiiba ay la kulanto waxaa yar inay awooddo inay isha ku hayso dambi dhacaya, haddii aanay goobta ka cararinna intay indhaha qarsato ayey qaylisaa, haddiiba aanay miyir-daboolmin. Sidee ayaa markhaati loo weydiinayaa qof aanan sharrixi karin sida ay wax u dheceen iyo danbiilayaasha? Sababtoo ah danbiyada haddii madmadow galo lama fulin karo.

Sidaa darteed ayaa wixii aan haweenta hawsheeda aheyn, una badneyn inay goobjoog ka ahaato loo adkeeyey inay ka maragfurto. Dhanka kale, Islaamku wuxuu banneeyey in meelaha qaar la qaato markhaatiga hal haweeney ah, gaar ahaan waxyaabaha cid aan iyada ahayni aanay ogaan karin, ama ay ragga uga badan tahay sida dhalmada, sugidda gabarnimada, ceebaha gaarka ah ee haweenka.

Haweeneydu haddii ay la kulanto shil dhacaya, sida

dambiyada waaweyn ee uu dilku ka mid yahay, dhiiggu ma aado maskaxda, halka ninka uu dhiiggu maskaxda ku dhaco si maskaxdu amarro u bixiso ku saabsan sidii loo maareyn lahaa dhacdadaa. Ibrahim As-Safyani (nd), wuxuu soo xigtey in la taliye Masri ah oo la yiraahdo Maxammed Ra'fata Cuthmaan uu sheegay dhacdo run ah oo ku dhacday haweeney qaalli ah oo ku suuxday goobtii xukunku ka dhacayey. Haweeneydaa qaalliga ah waxay ka mid ahayd qaalliyaal xukumayey qof lagu xukumayey dil. Sidaas darteed, ayaanay dumarku awood u lahayn inay u adkastaan dhacdooyinka naxdinta leh sida dilka, dagaalka iyo wixii la mid ah.

Furitaanka

Waxaa la arkaa in dad badani isweydiiyo sababta furitaanka loogu gaar yeelay ninka, haweeneydana aan talo laga siin. Sidaan soo xusnayba, hawl kasta waxaa Islaamku u dhiibey qofka ku habboon, kana soo bixi kara. Reerku wuxuu Islaamka ka joogaa meel weyn, waxaana laga hortagey wax kasta oo wax u dhimaya. Sida la isla wada qirsan yahay, cadowgaagu wuxuu u farxaa hadba dhibka ku soo gaara inta uu le'eg yahay, sidaa darteed ayuu Nabigu noo sheegay in shaydaanku marka uu ciidamadiisa kala diro si ay dadka u fasahaadiyaan uu ugu jecel yahay midka reer dhisnaa soo dumiya.[38] Sidaa darteed ayaa ninka loogu dooray inuu noqdo qofka masuulka ka ah arrimaha furriinka.

Waxyaabaha ninka loogu doortey inuu dalqadaha gacanta ku hayo waxaa ka mid ah inuu ninku, sida ay u badan tahay, uu kaga fiican yahay haweeneyda hanashada nafta marka caro timaaddo, halka haweeneyda lagu yaqaan laab lakac

38 Saxiixul Muslim, بَاب تَحْرِيشِ الشَّيْطَانِ وَبَعْثِهِ سَرَايَاهُ لِفِتْنَةِ النَّاسِ

iyo inay si fudud u falceliso. Sidoo kale, wuxuu kaga fiican yahay qiimeynta waxa ka dhalan kara haddii uu ku kaco waxa qalbigiisa ku jira, halka haweeneydu ay yar tahay inay ka fiirsato waxa ciribta dambe ee arrintu noqonayso. Midda Saddexaad, ninku waa isaga cidda, dhaqaale ahaan, khasaaraya, sababtoo ah isaga ayey ka baxday wixii reerka lagu dhisay, meherkii iyo biilkii. Markaa waxay u badan tahay inaanu ku degdegin furriinka, halka laga yaabo inay gabadhu ku fekereyso inay helayso meher cusub iyo guri cusub.

Sidaas oo ay tahay lama waayayo cid si xun u isticmaasha awoodda la siiyo, gaar ahaan haddii uu yahay qof xumaan lagu yaqaan. Rag badan ayaa reerkooda ku dumiya dulmi iyo wax aan daw ahayn, laakiin Islaamku wuxuu wax ku qiimeeyaa sida loo badan yahay oo ah in ninku kaga habboon yahay haweeneyda ilaalinta reerka. Waaba lagu halqabsadaa in haddii haweeneyda dalqadaha gacanta loo gelin lahaa ay markii ay xanaaqdoba ay ninka furi lahayd. Waxayaabaha bulshadeenna aan dumarka lagu ceebayn waxaa ka mid ah marka ay inta ninkeeda kulleetiga ku dhagto ay furid ka dalbato. Waaba loo qiildayaa oo waxaa la yiraahdaa, "Naag ifur laguma furo," waayo waa qalabka keliya ee ay ku dagaal gasho.

Iyadoo ninku dalqadaha gacanta ku hayo, ayaa haddana mar walba waxaa laga digayaa degdeg iyo in reerku si fudud ku burburo. Sidaas darteed, ayaa furitaanka heerar la mariyey sida ay caddeyneyso aayaddan Quraanka ah:

﴿ٱلطَّلَٰقُ مَرَّتَانِ ۖ فَإِمْسَاكٌۢ بِمَعْرُوفٍ أَوْ تَسْرِيحٌۢ بِإِحْسَٰنٍ﴾

"furiddu waa labo jeer, intaa kaddib waa haysasho fiican, ama sii deyn fiican"

Qur'aan Suurah al-Baqra, 2:299

Ibnu Kathiir wuxuu yiri, isagoo aayadda fasiraya, "Aayaddani waxay meesha ka saartey sidii waagii hore uu furitaanku ahaan jirey, ninkuna markuu doono uu naagtiisa soo ceshan jirey, haddii uu doono boqol ha ku furee mar haddii ay ciddadii ku jirto. Alle wuxuu ku soo gaabiyey saddex, marka koowaad iyo marka labaadna ninka waxaa fursad loo siiyey inuu soo ceshan karo haweeneydiisa inta ay ciddada ku jirto, marka saddexaadna farahiisa way ka baxday".

Sidaas ayaa dalqadaha loo ratibay, loona dhiirrigeliyey in la tartiibsado, ninkuna aanu dalqadaha hal mar is-raacin. Gabadha laftigeeda marka la furo lama oran isla markiiba gurigiinnii aad ee waxaa la amray inay ciddada ku tirsato gurigii lagu furay. Intaa waxaa la rabaa in waqti la siiyo bal in wax isbeddel ahi dhaco, reerkuna sidaa ku bedbaado. Sidaas oo ay tahay, marar badan ayaa gabadha loo fasaxay inay furriin dalban karto, ama ay isfasakhi karto, sida in cudur, masruuf la'aan, ama ceebo kale oo guurka dhaawacaya ay yimaadaan.

Inaan dumarka loo oggoleyn inay madax noqoto, in shaqadeeda laga dhigay guriga oo aan loo oggoleyn inay dibadda ka soo shaqayso, inaanay keligeed safar geli karin iyo arrimo la mid ahi waxay u noqonayaan kala duwanaanta abuur ahaaneed ee ninka iyo naagta. Qof walba waxaa loo diray shaqo ku habboon abuurkiisa jir ahaaneed iyo midka dabeecad ahaaneed. Sidaa awgeed ayaan jeclaystay inaan labada qormo ee soo socda aan midda hore uga hadlo kala duwanaanta ragga iyo dumarka, tan labaadna inay haweeneydu hoggaamiye noqon karto iyo in kale.

QAYBTA LIXAAD

KALA DUWANAANTA RAGGA IYO DUMARKA

MARKA AAN leennahay kala duwanaanta ragga iyo dumarka, waxaan uga jeednaa kala duwanaanta jir ahaaneed, mid aragtiyeed ama fikir, mid dhaqan, mid garaad iyo wixii la mid ah. Waxaan shaki ku jirin in ragga iyo haweenku ay waxyaabo badan isaga mid yihiin wax badanna ay ku kala duwan yihiin. Kala duwanaanshahaasi waa mid ay caddeynayaan diimaha Alle soo dejiyey, cilmiga iyo baaritaanno la sameeyeyna ay ku raaceen.

Aqoon-yahanno badan ayaa arrinkaa kala-duwanaanshaha ah baaritaan ku sameeyey, gaar ahaan toddobaatameeyadii, xilligii uu aadka u xoog badnaa kacdoonkii ay hoggaaminayeen dumarka u dooda xuquuqda haweenka.

“Waxay u muuqatey inay muhiim ahayd inay fahmaan dumarka xag-jirka ah ee toddobaatameeyadii xaqiiqada kala duwanaanshaha ragga iyo dumarka. Haddii ay jirto kala duwanaan la caddeeyey oo ku saabsan kartida ragga iyo dumarka, markaa garasho ahaan waa caddaalad darro qof walba oo diida kala duwanaanshahaa. Run ahaantii, waxay ahayd inaan qaadanno, aragtidii ugu horreyseyba, inay jirto cilmi ahaan iyo baaritaan ahaanba kala duwanaan muuqata oo u dhaxaysa maskaxda ragga iyo dumarka". (Anne Moir and David Jessel, 1992).

Aragtida sinnaanta dhan walba ah ee labada nooc ama jinsi meel ay dunida ka shaqeysaa ma jirto. Iskaba daaye, waxay ka socon weydey waddammada la isku dhaho Iskaandaneefiyanka (Sweden, Norway iyo Denmark), laguna sheego inay yihiin waddamada dunida ugu hormarsan dhanka sinnaanta labada nooc ee ragga iyo dumarka. Tusaale ahaan, Norway waxay sharciyeysay qodob shirkadaha ku qasbaya inay dumar ku jiraan jagooyinka ugu sarreeya ee shirkadda. Laga soo bilaabo 1980-maadkii waxay hormood ka ahaayeen sidii ay dumarku u heli lahaayeen xuquuq dheeraad ah. Xilliyadan la joogo waxay waddammadaasi ka hooseeyaan boqolkiiba inta ay dunida ka yihiin dumarka haya jagooyinka sare. Barbara Annis and John Gray (2013).

Kala duwanaanta jir ahaaneed

Ragga iyo dumarku wax badan ayey ku kala duwan yihiin marka la eego jir ahaan, maskax ahaan iyo dareen ahaanba. Iyadoo ay suurtaggal tahay in kala duwanaantaas qaar ay keentay dhaqanka iyo deegaanka ku xeeran, haddana waxaa biyo-kama-dhibcaan ah in kala duwanaan abuur ah uu jiro.[39] Sida uu xusay Alxaaj Maxammed (1998), ninka iyo haweeneydu waxay kala duwan yihiin kala duwanaan muuqata, haddii ay noqon lahayd kala geddisnaanta jirka iyo wax kasta oo ku saabsan abuurkeeda ee kuma koobna oo

39 Tuck C Ngun, et al. (2011).

keliya xubnaha taranka. Murqaha raggu, guud ahaan, waa ka xoog badan yihiin kuwa dumarka, murqaha dumarkuna waa ka dareere badan yihiin kuwa ragga, taasna waa arrinta sababta in murqaha dumarku ay jilicsanaadaan, una ekaadaan kuwa carruurta.

Dufanka jirka dumarku waa ka badan yahay midka ragga, jirkeeduna waa ka jilicsan yahay midka ragga. Sidoo kale, guud ahaan dhumucda iyo qaabka lafaha ee labada jinsi waa kala duwan yihiin. Lafta madaxa ee raggu way ka weyn tahay midda dumarka, xabadka dumarkuna waa ka yar yahay, kana kooban yahay midka ragga. Lafdhabarta dumarku way ka gaaban tahay midda ragga, lafaha faraheeduna way gaaban yihiin, kana fudud yihiin kuwa ragga. Guud ahaan, ninku waa ka dheer yahay, kana culus yahay miisaan ahaan dumarka.

Kala duwanaantaa jireed waxay keenaysaa inay hawsha ay xubnuhu qabtaanna ay kala geddisnaato. Tusaale ahaan, uurka, dhalmada, caadada iyo nuujintu waxay gaar ku tahay dumarka, waxaana Alle u sameeyey dumarka xubnihii hawshaa u fududeyn lahaa, arrinkaasuna waa mid aan raggu la wadaagin.

Dad labada jinsi ah ayaa waxay isku dayeen inay ka baxaan qoqobkan hawleed ee lagu sheegay jirka labada jinsi. Dumar badan ayaa isku dayey inay sameeyaan ciyaaro ragga gaar u ah sida legdanka, feerka, raggana kula tartamaan waxyaabo uu dumarka kaga fiican yahay, waxayse kala kulmeen in caadadii ka tagto, hoormoonnadeediina isku dhexyaacaan.

Sidoo kale rag ayaa isku dayey inay dumarka dhexgalaan, shaqona ay ka dhigtaan waxyaabo dumarka khaas u ah, sida inay dharkooda tolaan, iibiyaan dhar-hoosaadkooda. Waxay la soo bexeen dhaqan xumo xagga jinsiga ah, waxaana lumay isku dheellitirkii hoormoonnadooda.

Guud ahaan, raggu way ka xoog badan yihiin dumarka, taana waxaa sababaya dhismaha jirka. Goobaha shaqada ee labada jinsi ka wada shaqeeyaan, gaar ahaan bakhaarada waaweyn (warehouse) ee Ingiriiska mar walbana alaab la dajiyo, ama la raro, waxaa jira jaangooyo ku saabsan culayska ugu badan ee jinsi walba qaadi karo. Raggu culayska ugu badan ee ay qaadi karaan waa 25 kiilo, dumarkana waa 16 kiilo.

Nuuraddiin Catar (2003), isagoo soo guurinaya hadal uu yiri saynis-yahan Faransiis ah oo la yiraahdo Alexis Carrel ayaa wuxuu yiri:

"Waxaa xaqiiq ah inay haweeneydu ay ka duwan tahay ninka kala duwanaan weyn, unug kasta oo jirkeeda ka mid ahna wuxuu xambaarsan yahay hawl abuurka jirkeeda u dhigma, sidaas oo kalena waxaa ah xubnaheeda. Taas waxaa ka sii xoog badan kala duwanaanta dareen-wadayaasha (nervous system). Qawaaniinta Fiisiyoolajiga (qaabka uu u shaqeeyo jirka iyo dareenka noolaha) ma aqbalayso jilcin sida caalamka kawkabka, suurtogal ma ahan in rabitaanka banii'aadamka booskeeda laga saaro. Sidaa darteed, waxaan ku qasbannahay inaan aqbalno. Dumarka waxaa saaran inay hormariyaan waxay ku habboon yihiin, iyagoo tixgelinaya dabeecaddooda, oo aan isku dayeyn inay ku daydaan ragga, waayo kaalintooda, marka loo eego ilbaxnimooyinkii hore, waa mid ka sarreysa kaalinta ragga. Waa inaanay ka tagin hawshooda u gaarka ah".

Qaab-dhismeedka maskaxda

Laga soo bilaabo 1990-maadkii, cilmibaarayaasha cilmiga maskaxad (Neuroscience) waxay sameeyeen tallaabooyin wax-ku-ool ah oo ay ku caddeynayaan kala duwanaanta labada nooc ee ragga iyo dumarka ee qaab-dhismeedka maskaxada iyo sida ay u shaqeyso. Baaritaan dhanka maskaxda ah oo ay ka qaybqaateen dad ka badan Malyan qof oo ka kala yimid in ka badan 30 waddan waxay ku gabogabowdey inay si cad u muuqatay sida kla duwanaanta qaabka maskaxdu u shaqeyso ee labka iyo dheddigga ay saameynta ugu leedahay dhanka xusuusta, afka, dareenka, aragtida, maqalka iyo iyo lafalgalka deegaanka ku hareereysan. Barbara Annis and John Gray (2013).

Sida Anne Moir and David Jessel (1992), sheegeen labada jinsi waxay ku kala duwan yihiin maskaxdu sida ay u sameysan tahay. Maskaxdu waa xubinta hoggaamisa maamulka iyo dareenka jirka, ragga iyo dumarkuna si kala duwan ayey maskaxdoodu u dhisan tahay. Waxay arrimaha u eegtaa siyaalo kala duwan, taas oo sababta aragtiyo, dabeecad iyo kala hormarin kala geddisan.

Sida aan u fekerno, sida aan u dhaqanno iyo sida aan wax u dareenno waxaa maamula maskaxda, maskaxda qudheedana waxaa saameyn xoog leh ku leh, qaabka ay u sameysan tahay iyo qaabka ay u shaqeysaba, hoormoonnada. Haddii dhismaha maskaxda iyo hoormoonnada ragga iyo dumarku ay kala duwan yihiin, la yaab ma leh in ragga iyo haweenku u dhaqmaan siyaabo kala duwan. Sidaa darteed, kala duwanaanta hab-dhaqanka aadanaha waxay ku xiran tahay xiriirka ka dhexeeya maskaxda iyo hoormoonnada.

Maskaxdu sida ay u qaybsan tahay ayaa muujinaya in ragga iyo dumarku ku kala duwan yihiin. Dhanka midigta ee maskaxdu hawl gaar ah ayey qabataa, dhanka bidixna hawl gaar ah. Qaybta midig ee maskaxdu waxay maamushaa wixii muuqaal (visual), hal-abuur ku saabsan, halka dhanka bidix ay ku shuqul leedahay wixii hadal, qorid iyo akhris ku saabsan (verbal). Qofka ay wax ka gaaraan dhanka midig ee maskaxda waxaa ka luma qiyaasta iyo, sidoo kale, inuu xataa jihooyinka kala saari waayo oo ay isaga darsamaan, waxayna maamushaa aragtida iyo xallinta dhibaatooyinka. Qofka ay wax ka gaaraan dhanka bidixda wuxuu lumiyaa wixii hadalka iyo luqadda ku saabsan.

Qaabka maskaxdu u habeysan tahay iyo qaradeedu labada jaad way ku kala geddisan yihiin. Qaybo ka mid ah maskaxda ayaa raggu ka weyn yahay midda dumarka, halka uu ka soo horjeedkuna jiro. Ragga iyo dumarku way ku kala geddisan yihiin go'aan qaadashada, xakameynta dareenka, xallinta dhibaatooyinka iyo arrimaha la soo darsa, xusuusta waxa soo maray, arrimahaas oo dhanna waxaa saameyn ku leh qaabdhismeedka maskaxda. Xin J. et al (2019).

Maskaxda dadka waxaa lagu qiyaasaa in culayskeedu yahay ilaa 1.5 kiilo. Maskaxda labku waxay ka culus tahay midda dheddiga celcelis ahaan ilaa 10-12%, waxayna ka weyn tahay ilaa 10%. Taas waxaa keenaya qarada jirka ee raggu way ka weyn tahay midda dumarka. Kala duwanaantaasu waxay ka soo bilaabantaa marka ilmuhu dhasho. Wiilka maskaxdiisa waxay ka weyn tahay midda gabadha inta u dhaxeysa 12-20%. Zeenat F. Zaidi. (2010).

Ragga maskaxdiisu waxay u qaybsantaa labo qaybood oo kala baxsan; dhanka midigta oo ah wixii ku saabsan muuqaalka, xallinta iyo isku-xirka arrimaha, dareenka, dhanka bidixdana hadalka iyo wixii la xiriira. Haddii uu xallinayo arrimo feker iyo ka baaraandag u baahan, wuxuu isticmaalaa dhanka midigta oo keliya, wixii luqad ku saabsanna dhanka bidix. Dumarka maskaxdoodu uma kala saarna sida midda ragga, tusaale ahaan, wixii ku saabsan luqadda iyo hadalka iyo wixii muuqaal ahba waxaa maamula dhexbartanka labada qaybood.

Sidaas awgeed, maskaxda raggu si muuqata ayey u kala qaybsan tahay, qayb walbaana shaqo gaar ah ayey qabataa, halka midda dumarku ay baahsan tahay oo ay hal mar hawsha wada qabato. Taas ayaa keenta inuu ninku kaga fiican yahay haweeneyda inuu labo shaqo hal mar isla qaban karo, sida inuu isagoo hadlaya uu, haddana, khariidad akhrin karo. Taas waxaa keena in maskaxdiisu ay kala baxsan tahay, qayb walbaana ay shaqo gaar ah qabato, halka gabadha ay labada dhinacba hal mar wada isticmaalayso, markaana ay u badan tahay inay hawshii isaga qasanto. arrinkaasu wuxuu muujinayaa inuu ninku haweeneyda kaga awood badan yahay kartida dhugmo-qabadka walaxda (spatial ability). Anne Moir and David Jessel (1992).

Sida ku soo baxday BBC (2012), saynisyahannadu waxay caddeeyeen in baaritaan la sameeyey ay si cad u muujisay in ninku kaga horreeyo haweeneyda inuu maskaxda ka shaqeysiiyo oo arrimaha ku rogrogo. Baaritaanku wuxuu xusay in ninku uu aad uga fekero ogaanshaha qaabka waxyaabaha ku hareeraysan, uuna uga fiican yahay haweeneyda xadeynta jihooyinka iyo aagagga. Dumarku waxay jecel yihiin inay wax ku tilmaansadaan waxay horey u yaqaanneen, sida meel caan ah. Saynisyahannadu waxay tilmaameen in uga wanaagsanaantaa uu raggu dumarka uga fiican yahay awoodda dhugmo-qabadka iyo miliilicashada walaxda ama deegaanka (Spatial ability) uu qayb weyn ka qaato hoormoonka testosterone ee ragga ku badan, loona yaqaan "Hoormoonka Ragga".

Haweeneydu marka ay maskaxdeeda ka shaqeysiinayso waxay isticmaalaysaa labada dhinac ee maskaxda, markaana waxaa badan inay labadii qaybood isdhexgalaan, waayo waxay isku dayeysaa inay labo waxyaalood hal mar sameyso, isla hal meel oo maskaxda ah iyadoo isticmaalaysa, halkaana ay ku tabaryaraato awooddeedii wax kala saarka. Ninka hal dhinac oo maskaxda ah ayaa hawshaa qabanaya, marka waxaa yar in hawl kale ay ku dhexqaldanto. Dhanka kale, haweeneydu waxay ninka kaga xariifsan tahay wixii hadal la xiriira sida luqadda, akhriska iyo qoraalka, waayo qaybta maskaxda ee hawshaa maamusha waxay, gaar ahaan, ku taallaa qaybta bidixda, halka ninka ay ku baahsan tahay qaybta hore iyo midda dambe ee maskaxda.

Ku kala fiicnaanta labo hawlood waxay ku xiran tahay hadba qaybta maskaxda ee hawshaa ku shaqada leh sida ay u habeysan tahay, sidaa darteed maskaxda raggu waa isku duwan tahay marka midda dumarka loo eego, taa ayaana keenta inay adag tahay in xogtu isaga dhexdarsanto.

Waxaa jirta xirmo dun oo kale ah (Corpus Callosum) oo isku xirta dhanka midig iyo bidix ee maskaxda. Xirmadaa liilanka ah waxay suurtogeliyaan in labada dhinac ee maskaxdu ay xogta isdhaafsato, dumarka iyo ragguna way ku kala duwan yihiin. Saynis-yahannadu waxay sheegeen in haweeneyda keedu uu ka weyn yahay midka ninka, taana waxay keenaysaa in xogta isku dabo-marta labada dhinac ee maskaxda dumarka ay ka badan tahay midda ragga.

Kala duwanaanta xagga dareenka iyo qiirada waxaa xukuma qaabka maskaxdu u sameysan tahay. Ninka waxaa shaqadaa leh dhanka midig ee maskaxda, halka haweeneyda ay labada dhinacba shaqadaa wadaagaan. In qofku dareenkiisa si degdeg ah u cabbiro waxaa ku wanaagsan haweeneyda maaddaama labada dhinacba ay shaqada wada qabtaan, halka ninka ay shaqadaa qabato dhanka midigta, hadalkana ay ku shaqo leedahay dhanka bidixda. Taas ayaa keenta in dumarku si fudud ku fal-celiyaan, laguna sheego laab-lakac, halka ninku kaga fiican yahay inuu kala saaro dareenka iyo sababta dareenka keentay.

Sida uu sheegayo Alxaaj Maxammed (1998), caaddifaddu waxay ku badan tahay dumarka marka ragga loo eego, waxayna ku dhowdahay in haweeneyda caaddifaddeedu ay wax walba hoggaamiso. Labo qaybood ayey caaddifaddu u qaybsantaa; caadifad xisi (la dareemi karo) ah iyo mid macnawi ah (aan la dareemi karin), haweeneydana waxaa ku xoog badan midda xisiga ah, waana midda ka dhigaysa inay aad ugu xirnaato jacaylka waxyaabaha xisiga ah, sida labada waalid, carruurta, waddanka iyo wixii la mid ah. Laakiin caadifadda macnawiga ah waxay ku xoog badan tahay ragga, sababtoo ah waxay u baahan tahay awood wax la mala-awaalo, mid fikir, in wax guud wax gaar ah lagala soo dhexbaxo, arrinkaasuna wuxuu keensanayaa jacaylka sharaf-dhowrka, xorriyadda, caddaaladda, xaqa garab-istaaggiisa iyo ikhlaaska.

Makiinaddaa yartaa ee madaxeenna ku jirta in la garto sida ay u shaqeyso, waxay dadka ku hoggaamineysaa inay aqoonsadaan waxa wanaagsan ee horumarka u keenaya, waxyaabaha saameynta nagu leh. Maskaxdu saameynta ay ku leedahay qofka dhaqankiisa, aragtidiisa iyo waxyaabaha uu sameynayo intooda badani waa wax dahsoon, lagana yaabo qofku inaanu faahfaahin karin. Cilmibaaris lagu sameeyey koox rag ah ayaa la baaray sida ay u soo jiiteen dumar joogey goob lagu caweeyo. Natiijadii waxay noqotay in raggii ay aad u soo jiiteen haweenkii qayb ka mid ah, waxaana la ogaadey inay ahaayeen dumar aan caado qabin, halka ku caadada qabey aanay aad u soo jiidan. Aqoonyahannadaa Cilmi-nafsiga ee cilmibaarista sameynayey waxay ku doodeen in nimankaa aan midkoodna dareensaneyn waxa ku keenay soo jiidashadaa. Xilliga aanay haweentu caadada qabin waxaa ku bata hooroonka ama dheecaanka Estrogen kaasoo haweenta muuqaalkeeda bila, xubnaheeda isku dheellitira, jirkeedana jilciya. Aqoonyahannadaasu waxay qabaan inay tahay maskaxda midda dareenkaa ragga ku abuurtay, xogtaana ay maskaxdu haysey.[40]

Dareenka iyo doonidda hawl-qabadka

Anne Moir and David Jessel (1992), sida ay tibaaxeen xagga doonitaanka (iraada) ragga iyo dumarku way ku kala duwan yihiin, dumarkuna way kaga hooseeyaan ragga in hawsha loo fiiriyo ciribteeda dambe iyo aayaheeda dambe, kana waayo-aragnimo iyo khibrad yar yihiin. Waxay gabadhu hawsha u eegaysaa jiritaankeeda, waxayna ku galeysaa ama ku bilaabaysaa rabitaan keliya, waxayna ku keenaysaa inay si fudud ku niyadjabto. Arrinkaasu wuxuu hoos u dhigayaa awooddeedii ahayd inay hawsha u dulqaadato iyo inay nafta hanato, kuna adkaysato hal shay muddo dheer.

Waxyaabo badan ayaa saameyn ku leh haweeneyda oo jaangoynaya dareenkeeda hawlqabad. Waxaa ka mid ah xaaladda ay ku jirto iyo isbeddelka jirkeeda ku yimaada oo mararka qaar ku keena inay hawsha qaban weydo. Xanuun haweenka ku dhaca xilliga caadadu ku soo dhowdahay oo marka afka qalaad la soo qaabiyo loo yaqaan PMS ayaa ka mid ah xanuunnada qasa dareenka iyo jirka dumarka. Dumarka qaar ayuu ku keenaa inay shaqada nacaan oo ay dareemaan xasillooni la'aan, qaarkoodna laga yaabo inay ku soo dhacdo wax naftooda halis elin kara.[41]

40 David Eagleman (2015).
41 Mojgan Zendehdel and Forouzan Elyasi. (2018).

Anne Moir and David Jessel (1992), sida ay sheegeen dabeecadda iyo dhaqanka ku aaddan hawsha la qabanayo waxay noqon kartaa mid u baahan dareen fal iyo mid fikir. Midka falka iyo dhaqdhaqaaqa u baahan waa midka keenaya in qofku u dhego-nuglaado dareen kasta oo dibadda uga yimaada, uuna doonayo inuu isla markaaba ku dhaqaaqo, una fuliyo qaabkii uu u arko inay sax tahay, iyadoo ku xiran cidda sameynaysa da'deeda iyo jinsigeeda. Haweeneyda dareenkeedu wuxuu noqonayaa mid dareen marka ay timaaddo arrin feker dheer iyo ka baaraandegid u baahan, laakiin waxay noqonaysaa mid faleed marka loo eego hawsha reerka iyo korinta carruurta.

Ninka dareenkiisu wuxuu noqonayaa mid faleed marka loo eego sida jirkiisu ugu diyaarsan yahay hoggaaminta, waxqabadkiisuna, inta badan, aanu ku koobnayn arrimaha gaarka ah ee uu wax u eego si guud. Wuxuu ku habboon yahay hawlaha u baahan firfircoonida joogtada ah, sida ganacsiga, farsamada, hoggaaminta ciidamada iyo dhammaan hawlaha kale ee qaab-dhismeedka jirkiisu uu ku taageerayo inuu la yimaado.

Goobaha shaqada ee ragga iyo dumarku ay ka wada shaqeeyaan waxaa ka dhaca doodo ku saabsan qaabka jaad walba rabo in loo falanqeeyo arrimo wada hadal u baahan. Haweenku waxay ragga ku eedeeyaan inay jecel yihiin inay go'aan degdeg ah qaataan, halka ay iyagu rabaan in arrinta waqti dheer la siiyo. Sidoo kale, waxay ragga ku eedeeyaan inay jecel yihiin inay arrinka u helaan xilli ay si gooni ah uga baaraandegaan, halka dumarku rabaan inay su'aalo badan la iska weyddiiso. Raggu dhankooda waxay dumarka ku eedeeyaan inay su'aalo badan yihiin arrinkaas oo ay u arkaan in arrinta laga hadlayo ay jiitan ku keeneyso oo ay waqti badan lumineyso. Sidoo kale, inay dumarku u nugul yihiin doodaha adag oo ay u qaataan in iyaga loola jeedo, taas oo rag badan ku keenta inaanay ku dhiirran arrinkaa. Arrinkaasu wuxuu muujinayaa in labada jaad mid walba si ka duwan kan kale uu wax u qabto, ugana baaraandego. Barbara Annis and John Gray (2013).

Kal duwanaanta hawsha waalidnimada

Labada jinsi waxay ku kala duwan yihiin dhanka waalidnimada iyo korinta iyo xannaaneynta ilmaha. Dadyowga dunida, dhaqan kasta iyo diin kasta ha haysteene, iskuma diiddana in hooyada iyo ilmaha uu ka dhexeeyo xiriir gaar ah, xiriirkaasuna waa mid abuur ah. Iyadoo labada waalid dareemaan culayska waalidnimo, haddana mid walba dhinac ayuu xoogga saaraa. Dareenka la xiriira korinta ilmaha, barbaarintiisa iyo xannaaneyntiisa waxay ku badan tahay dhanka hooyada. Xiriirka adag ee ka dhexeeya hooyada iyo ilmaha marna ma go'o, maankeedana kama baxo, xitaa xilliga ay shaqada ku maqan tahay ee ay ku dhex jirto hawlo guriga ka baxsan. Abuurkeeda jir ahaaneed iyo midka maskax ahaaneed ayaa sababaya inay ninka kaga horreyso dareenka korinta iyo barbaarinta ilmaha. Hooyada waxay ka hadashaa ilmaha koritaankiisa, muuqaalkiisa dhanka aabbuhu xoogga saaro ilmaha horumarkiisa iyo dhaqankiisa. Jacqueline Scott and Duane F. Alwin, (1989).

Sida ay soo xiganayaan Anne Moir and David Jessel (1992), baaritaan la sameeyey ayaa aabbayaasha waxaa lagu dhiirrigeliyey inay si aad ah ugu xirmaan ilmaha, ilmihiina waxaa lagu abuuray inay la qabsadaan xannaano kala duwan. Toddobaadyadii ugu horreeyey, iyadoo aabbuhu uu aad ula falgalayo xannaanada ilmaha, natiijadu waxay muujisay inaanay hooyadu aabbaha ilmaha uga dhoweyn.

Kaddib, waxaa xigtey inuu ilmihii jahwareero, una baahdo in xannaaneeyihiisii asalka ahaa, waa hooyadee, loo celiyo.

Hoormoonnada haweeneyda ku abuuran ayaa keenaya inay jeceshahay korinta ilmaha. Haween badan oo lagu duray hoormoonka ragga ayaa lagu arkay inay ku yaraatay dhaqankii hooyannimadu. Waa hooyada qofka la socda xaaladda ilmaha, fahmina kara shanqar kasta ama dhaqdhaqaaq kasta ee uu ilmuhu sameeyo. Haweeneydu waxaa lagu manneystay awoodda ilma korinta, waxayna awood dheeraad ah u leedahay inay maqasho oohinta ilmaha, garatana waxa uu u baahan yahay, aadna waxay ugu dhiifoon tahay taabashada, shanqarta iyo urta, halka aabbuhu aanu aad ula socon waxa ilmuhu u baahan yahay. Haddii hooyadu ilmaha ka maqan tahay waxay dareemaysaa jirkeeda barkiis inay guriga uga soo tagtay, aabbuhuse wuxuu dareemayaa inuu nafisey oo uu ka soo dhexbaxay hawl adag.

Saamir Saqaa (2011) wuxuu sheegay in haweeney Maraykan ah ay u tagtay dhakhtarad ku takhasustay Cilmi Nafsiga iyadoo ka dayrinaysa xaaladda ay ku nooshahay haweeney kale oo Maraykan ah, saaxiibbana ay yihiin, laakiin uu guursadey nin Carab ah. Ninkii ayaa u soo jeediyey inay hawsha guriga u gacan-bannaanaato, carruurtooda oo saddex ahaana ay barbaariso, isaguna uu soo shaqaynayo, sidaana ay ka oggolaatay. Waxay la yaabban tahay nolosha gabadhaa iyadoo weliba shahaado sare haysata.

Dhakhtaraddii waxay islaantii saaxiibteed ka dayrineysey weydiisey xaaladdeeda nololeed, waxayna ugu jawaabtay inay garoob tahay, labo ilmood oo kala aabbe ahna ay haysato, labo shaqona ay ka shaqeyso si ay u koriso ilmaha. Dhakhtaraddii ayaa, iyadoo yaabban, waxay tiri, "Waxaan isweydiinayaa labadiinna qofka dulman!"

Shaqada gurigu waa shaqo aad u culus, dad badanse ay dhayalsadaan, shaqadaana waxaa u beer-dhigi kara dumarka oo keliya. Rag badan ayaa isku dayey inay dumarka arrinkaa kula tartamaan, laakiin barqo cad isdhiibey. Siduu sheegay Saamir Saqaa, baaritaan lagu sameeyey Maraykanka waxay muujisay in cudurrada qalbigu uu ku kordhayo ragga ay dantu ku keentay inay guriga joogaan oo ay ilmaha hayaan.

Kala duwanaanta maqalka iyo hadalka

Labada jinsi waxa kale oo ay ku kala geddisan yihiin xagga wax dhegaysiga iyo maqalka. Haweeneydu waxay awood u leedahay inay wax dhegaysato iyadoo weliba hadlaysa. Ninku haddii uu damco inuu taleefon ku hadlo reerkoo dhan wuxuu ka codsanayaa inay aamusaan si uu si wanaagsan ugu maqlo cidda uu la hadlayo. Ninku waa inuu wax dhegaystaa ama uu hadlaa, halka haweeneydu ay awood u leedahay inay labadoodaba isku darto hal mar.

Taa waxaa ka marag kacaya kulammada ama fadhiyada ay ragga ama dumarku isugu yimaadaan. Kulammada ragga waa nin hadlaya iyo inta kale oo dhageysanaya, mid hadlaya haddii mid kale ka dhexgalona wuxuu isla markiiba ka cabanayaa inaanu hadalka ka goyn. Dumarku sidaa way ka duwan yihiin, waxaana dhici karta in haweeney hadal dhageysanaysa ay hadalkiina dhageysato, saaxiibteeda agfadhidana ay wax weydiiso, iyadoo hadalkii aanu dhaafeyn. Anne Moir and David Jessel, (1992).

Dhanka kale, codka iyo jabaqda si kala duwan ayey u dareemaan labada jaad. Waxay ku kala duwan yihiin sida ay wax u maqlaan iyo sida ay saameynta ugu leeyahay codku marka la eego dheeraantiisa iyo gaabnidiisa. Raggu way uga dulqaad badan yihiin dumarka codka dheer. Cilmibaaris lagu sameeyey fasallo ay wada dhigtaan rag iyo dumar ayaa la ogaadey inay dumarku ku tilmaamaan macallimiinta codka dheer inay qayliyaan marka ay casharka sharraxayaan, halka raggu caadi u arkaan. Dhanka kale, shanqarta fasalka dhexdiisa, sida miis la dhaqaajiyo ama la garaaco, shay dhulka ku dhaca, dumarku way dhibsadaan, halka raggu ay kaga dulqaad badan yihiin. Leonard Sax, (2010).

Inta badan raggu hadalka wuxuu u bilaabaa inuu ku gaaro dan uu leeyahay, haweeneyduse inay xiriir wada hadal la sameyso dadka kale. Haddii aad u fiirsato goobaha lagu kulmo, sida isbitaallada, dukaammada iyo wixii la mid ah, waxaad arkaysaa inay fududdahay inay haweenku xiriir degdeg ah sameeyaan iyagoon hore isu aqoon, halka ragga laga yaabo inuu inta salaamo weydaarto, amaba haddii ay dani ka gasho dantiisa markii uu ka dhammaysto aanu hadal kale ku sii darsan.

Arrimahaasu waa kuwa keena in dumarka lagu sheego inay hadal badan yihiin, hadalkana aanay ka xiiso dhigin. Waxaase taa diiddan aragti kale oo oranaysa in jinsi walba goob ku hadal badan yahay. Ninku wuxuu aad u hadlaa inta uu goobaha shaqada joogo, ama uu guriga ka maqan yahay. Sidaa darteed, wuxuu guriga yimaadaa isagoo daallan oo aan hadal u ciil qabin. Haweenta wuxuu hadalkeedu badan yahay inta ay guriga joogto ama ay asxaabteeda dumarka kale ah ay la joogto. Intee ayaad aragtay laba haween ah oo waqti dheer ku qaatay inay sheekaystaan, laakiin markii middood la soo dhaweeyo ay haddana albaabka cabbaar sii taagnaadaan oo sheekadii sii wadaan. Waxay xiiseeyaan inay si tifaftiran wax walba u ogaadaan, halka ragga laga yaabo inuu si duudduub ah uu warka u qaato. (Anne Moir and David Jessel, 1992).

Warside la yiraahdo Express (John Chapman, 2011), kana soo baxa Ingiriiska ayaa waxaa ku soo baxay 15 Ogosto, 2011 qoraal uu cinwaan uga dhigay "Women Gossip For Five Hours A Day". Qoraalku wuxuu sheegay in qiyaastii dumarka ay sheeko xan ah ku bixiyaan Shan saacadood maalintii, ha joogto guriga, shaqada iyo meel kaleba. Macnuhu waxaa weeyaan maalintii waxay sheeko ku jirtaa saddex meelood hal meel waqtigii shaqada. Sheekadoodu inta badan waxay ku saabsan tahay arrimaha dadka kale iyo sheekadooda, xiriirka iyo wada-socoshada, carruurta iyo arrimaha qoyska. Sidoo kale, adeegga iyo wax-iibsiga, lebiska, cuntada iyo culayska iyo muuqaalka jirka. Raggu sheekadoodu waxay xoogga saartaa arrimo ku saabsan shaqada iyo sida maalintaasi ku dhammaatay iyo ciddii ay maalintaa isqabteen ama ka xanaajisey.

Kala duwanaantaas haddii aan la tixgelin waxay keeni kartaa in labadii qof ee nolol-wadaagga ahaa ay didmo kala gasho. Inay gabadhu ku cabato inaanu ninkeedu hadalkeeda jeclayn , halka ninka laga yaabo inuu ku cawdo in xaaskiisu ay su'aalo badan tahay. Taa waxaa keenaya kala gedisnaanta labada jinsi. Ninku wuxuu rabaa inuu hadal kooban sheego kaddibna gabogabeeyo, halka gabadhu rabto hadal dheer oo tifaftiran.

Waxay muujisay afti laga qaaday shan waddan oo Yurub ah in dumarka 66% ay jecel yihiin inay taleefonka isticmaalaan marka ay rabaan inay cid la xiriiraan, halka ragga 67% ay jecel yihiin inay email ku xiriiraan.

Waxyaabaha ay labada jinsi ku kala duwan yihiin ma ahan oo keliya ku kala horreynta wax dhegaysiga ee waxay ku kala duwan yihiin dhiifoonaanta dareenka waxay maqlayaan. Dumarka waxay ku dhiifoon yihiin dareenka wax maqalka ee gudaha iyo sabada guriga. Taas waxay keentaa inay u badan tahay inay hooyadu kacdo marka ilmuhu habeenkii ooyo, iyadoo laga yaabo inaanu aabbuhu maqlin.

Dhanka kale, raggu waxay ku dhiifoon yihiin waxyaabaha guriga dibaddiisa ka dhaca. Waxay u badan tahay inuu aabbuhu habeenkii ku kaco qaylo ama buuq guriga dibaddiisa ka dhacaya, subaxdii marka uu soo toosana uu lammaanihiisa weydiiyo waxa uu ahaa buuqii xalay baxayey, iyana ay ugu jawaabto inaanay maqlin.

Sida uu Saamir Saqaa (2011) xusayo, waxa arrinkaa keenay in ninku uu ku dhiifoonaado waxa dibadda ka dhacaya, haweeneyduna waxa gudaha ka dhacay waa qof walba iyo hawshiisa. Haweeneydu waxay masuul ka tahay guriga, sida korinta ilmaha, sidaa darteed dhegta ayey ku haysaa wax kasta oo guriga gudihiisa ka dhacaya. Ninku wuxuu masuul ka yahay ilaalinta reerka, sidaa awgeed, wuxuu dhegta ku hayaa wixii cadow ah ee reerka dibadda uga yimaada.

Sidoo kale, wuxuu mar walba ninka xuuraamaa wixii irdho ama dhiillo ah, sida cadow ku soo fool leh, dugaag dool ku yimid deegaanka, ardaal dakano keenay iwm. Guriga gudihiisa haddii dareen ka dhaco inta badan hooyada ayaa la dhowraa inay wax ka qabato, halka aabbaha tallaabo inuu qaado laga sugo wixii sabada reerka ka baxsan.

La falgelidda xaaladaha adag

Sida uu sheegay Saamir Saqaa (2011), waxa ay labada jaad ama jinsi ku kala duwan yihiin sida qof walba ula dhaqmo marka ay xaalad adagi ku timaaddo. Ninku haddii xaalad adagi soo foodsaarto inta badan wuxuu wax ku xalliyaa inuu raadsado wuxuu isku dhaafiyo, sida khamriga (qolada cabta) ama uu adadayg iyo dagaal isticmaalo. Haweeneydu waxay u badan tahay inay isku daydo inay xoogaa suuqa soo warwareegto, ama waxyaalo macmacaan ah cunto si ay dareenkeeda kacsan u dejiso. Dadka jeelasha ku jiro 90% waa rag, halka dadka taga isbitaaallada Cilmi Nafsiga ay 90% dumar yihiin. Raggu marka uu gaaro xaalad kacsanaan jirku wuxuu soo daayaa tiro badan oo dheecaammada ama hormoonka (Hormone) Adrenalin iyo Noradrenalin, kuwaasoo qalbiga ku shubma. Waxay badiyaan neefsashada, dhiig badanna waxay ku sii daayaan murqaha, jirkuna wuxuu gaaraa xaalad kacsanaan. Labo arrimood mid ayey keentaa; inuu qofku dagaallamo ama uu cagaha wax ka dayo.

Dumarka jirku wuxuu soo daayaa dheecaan la yiraahdo Oxytocin kaasoo jirka ka dhigaya mid u leexda dhanka wada hadalka iyo ka fogaanshaha wixii dhib ah iyo inuu baadigoobo cid u gargaarta.

Sida uu ku doodayo Marco Del Giudice. (2015), qofku sida uu uga falceliyo xaaladaha la soo gudboonaada, waxay ku xiran tahay sida dareenkiisu yahay ee uu xaaladdaa u arko. Dabeecadda labada jaad ee falcelinta xaaladaha la soo darsa way kala duwan tahay. Ragga dabeecaddiisa waxaa ku laran go'aan qaadasho adag, inuu halista u bareero, xaaladda inuu uga baaraandego si ka fiirsi leh oo aan laablakac ku jirin. Dhanka kale, dumarku way kaga hooseeyaan ragga go'aan qaadashada xilliga ay xaalad cusubi la soo deristo. Go'aankeeda laablakac iyo ka baaraandegid la'aan ayaa ku badan. Nugeyl iyo inay isku deydo inay ka fogaato wixii ay halis ka dareento iyo is dhiibid ayaa laga yaabaa inay ciirsato.

John Gray (1992) wuxuu muujinayaa in mar haddii ay kala duwanaani jirto, ay labada jaad si kala duwan u abbaaraan marka culays ama dhib ku yimaado. Ninka waxay u badan tahay inaanu dhibkiisa ka hadlin oo uu doorbido aamus iyo inuu keligiis isku dayo inuu arrinka xal ka gaaro, waxayna badanaa doorbidaan aamus iyo inay keligood ahaadaan. Marka arrinku ku adkaado wuxuu isku dayaa inuu helo wax uu isku maaweeliyo, amaba uu u bandhigo qof uu xal ku tuhmayo.

Haweeneydu sidaa way ka duwan tahay, waxayna ku nafistaa inay dhibkeeda, ha yaraado ama ha weynaadee, ka hadasho. Waxay u badan tahay isla markiiba inay saaxiibbadeed u sheegto, waxayna saaxiibbadeed ka heshaa dhiirriggelin iyo la damqasho.

Sidaa darteed, rag badan ayaa ku dura dumarka inay sheegasho badan yihiin, mararka qaarkoodna kala garan waayo xaqiiqda waxa haweeneydiisu sheeganayso. Isla Saamir wuxuu xusay in raggu sheegashada neceb yihiin, dabcigiisa goonidaaqnimo ayaa keenaya inaanu sheegasho badnayn, sidaa darteed ayuu neceb yahay sheegashada. Haweeneyda hawsheeda ah korinta carruurta ayaa waxay ka dhigaysaa mid u dulqaadata sheegashada xaalad kasta oo ay ku sugan tahay. Mar walba waxay u diyaarsan tahay inay dhageysato kala sheegashada carruurta. Taa waxay keentaa in dumarku aanay iskula yaabin sheegashada, iskaba daayee ay isugu garaabaan, isulana jiibiyaan.

Sheegashada badani waxay kaa fogeysaa qofka aad jeceshahay, waana midda Soomaalidu tiraahdo, "baryo badan iyo bukto badan waa laysku nacaa". In la wada hadlaa oo la isku gudbiyo waxa la kala tabanayo waa fiican tahay, waxayse ku xiran tahay sida hadalka la isku weydaarsanayo. Hadalku waa seef oo kale, wuxuu gooyaa dhibka labada qof dhexyaal, ama labada qof ayuu kala gooyaa, haddii aan isfahan jirinna wuxuu sii caabuqiyaa xiriirka labada qof. Sidaa darteed, waxaa labada dhinac laga rabaa inay isla socdaan, qof walbaana sida uu jecel yahay lagu ogaadaa.

Haweeneydu sheegashada waxay u tahay xiriir ay ku soo jiidanayso dareenka ninkeeda, ayna ku fayoobaato inuu la wado, lana qaybsado dareenka, halka ninkuna uu dhibsado sheegashada, isla markiibana uu raadiyo xal degdeg ah oo uu dhibkaa ku soo afjaro. Haddii, markaa, aan kala duwanaantaa la tixgelin, labadii lammaane way kala ufoonayaan, mid walbaana eedo aan xalkooda la garan karin ayuu midka kale u jeedinayaa.

Hawl-maskaxeedka iyo agaasimidda hawsha

Qaabka maskaxdu u habeysan tahay iyo qaradeedu labada jaad way ku kala geddisan yihiin, arrinkaas oo saameyn ku leh agaasimidda hawsha iyo wixii la mid ah. Qaybo ka mid ah maskaxda ayaa raggu ka weyn yahay midda dumarka, halka uu ka soo horjeedkuna jiro. Ragga iyo dumarku way ku kala geddisan yihiin go'aan qaadashada, xakameynta dareenka, agaasinka hawsha, xallinta dhibaatooyinka iyo arrimaha la soo darsa, xusuusta wax soo maray, kala saaridda muuqaalka ama wejida dadka, iwm. Arrimahaas oo dhan waxaa saameyn ku leh maskaxda. Xin J. et al (2019).

Saamir Saqaa (2011), sida uu caddeeyey labada jinsi waxay ku kala duwan yihiin qaabka uu mid walbaa wax u eego oo u fekero. Ninku, waxyaabaha qaar, si guud ayuu u eegaa, kaddibna hadal duudduuban ayuu ka bixiyaa, halka haweeneydu ay si faahfaahsan u eegto. Haddii uu ninku shay sifaynayo, waxaa laga yaabaa inuu ku kaaftoomo inuu yiraahdo, "Waa shay qurxoon," halka haweeneydu rabto inay quruxdaa kala dhigdhigto.

Marka ay joogto hawsha guriga, ninku wuxuu doorbidaa inuu xaaskiisa ka helo warbixin guud oo ku saabsan hawsha guriga, halka haweeneydu jeceshay mid faahfaahsan. Kasoo horjeedka, ninku wuxuu jecel yahay inuu warbixin dhammaystiran ka helo shaqadiisa. Taasi waxay ku tusinaysaa in qof walbaa uu jecel yahay inuu hawshiisa gaarka u ah fiiro gaar ah siiyo.

Mar hadii hawsha haweeneydu ay tahay guriga, hawshiisana lagu tiriyo mid aan fududayn, ayaa waxay awood u leedahay inay hal mar maskaxda ku hayso oo wada qabato labo shaqo oo kala duwan. Waxay awoodi kartaa inay, iyadoo ilmihiina la hadlaysa taleefonna uu dhegta u saaran yahay, aanay labadii hawloodna isku khaldin. Waxaa dhacda in hooyo ay hal mar dacwo u keenaan labo ilmood oo ay dhashay iyagoo hal mar wada hadlaya. Iyadoon midkoodna aamusin ayey labadoodiiba dacwadii ka qaadeysaa, mid kastana aan hadalkiisu kan kale uga khaldeyn. Go'aan aan waqti dheer qaadan, aadna aan looga fekerin, ayey qaadaneysaa.

Qolada cilmiga maamulka ku dheeraysaa waxay sheegaan in maamulka gurigu ka mid yahay midka ugu adag, mar walbana wuxuu u baahan yahay heegan joogto ah. Mar kasta waxaa ka dhici kara arrin degdeg ah, sidaa darteed ayaa loo baahan yahay go'aan degdeg ah. Arrintaa waxaa ka marag-kacay aabbayaal badan oo ay qabsatay inay guriga maalmo joogaan.

Maskaxda waxaa mar walba saameyn ku leh is beddelka jirka ku dhaca oo ay keeni karto isbeddel ku yimaada hoormoonnada jirka. Sida haweeneydu wax u aragto oo ay wax u maareyso waxaa saameyn ku leh isbeddelka ku yimaada hoormoonnada dumarka ee la kala yiraahdo Progesterone iyo Estrogen oo saameyn ku leh isku xirka labada qaybood ee maskaxda. Waxyaabaha keena inuu hoormoonku isbeddelo waxaa ka mid ah cudur haweenka ku dhaca wax yar ka hor xilliga caadada oo loo soo gaabiyo PMS. Xanuunkaasu wuxuu keenaa in haweeneyda uu wareer ku dhaco oo maskaxdeedu isku qasanto, dareenkeeduna uu kaco.[42]

Sida uu Saamir Saqaa (2011) sheegay, ninku wuxuu u baahan yahay inuu hawshiisa kala hormariyo, una fuliyo si kala horreysa. Wuxuu u baahan yahay inuu hawl kasta oo uu qabanayo uu si hufan u qabto, hawl kalena ma galo isagoon middii hore meel ku ogaan. Waxaad arkaysaa nin gacanta hawl kula jira oo aan dan ka galeyn taleefon agtiisa ka dhacaya. Labo ilmood oo uu dhalay haddii ay u yimaadaan wuxuu u baahan yahay midba mar inuu dhegeysto, kaddibna intuu cabbaar fekero uu go'aan ku habboon qaato.

Jinsi kasta waxaa loo fududeeyey hawsha uu hayo sidii uu u hanan lahaa, uguna qaban lahaa si ku habboon hawsha. Hooyadu waxay u baahan tahay, si ay hawsha guriga u maamusho, inay qaadato go'aammo aan feker badan u baahneyn. Ninku hawshiisu waa hawl bulsho, sidaa darteed wuxuu u baahan yahay inuu helo waqti uu ku fekero, go'aan degdeg ahna uma baahna. Codbixin la sameeyey ayaa caddeysey in ilaa 80% ay raggu u arkaan inay shaqadu tahay waxa ugu mudan, halka dumarka ay ilaa 80% u arkaan inay tahay qoyska.

Haweenku waxay ragga kaga horreeyaan xusuusashada wax waa hore tagey. Waxaa laga yaabaa inay ka sheekayso arrin beri hore dhacday, welibana ay sifayso qofkii arrinkaa sameeyey. Sidoo kale, waxay awood u leedahay inay hawl kale gasho iyadoo ka fekeraysa, kana welwelsan ilmo yar oo xanuunsan oo ay saaka guriga uga soo tagtay. Xusuustaa badan ee dumarka waxay faa'iido u tahay ilmaha, waxayna

42 Lisa F. Barrett. (2019).

xusuusan tahay mar kasta oo ay wax gaareen iyo meeshii ay ku gaareen.

Ninka waxaa laga yaabaa inuu waa horeba ay maskaxdiisa ka baxday, haddii waxaasu aanu ahayn arrin uu si gaar ah ugu fiirsaday ama mid lug ku leh shaqadiisa. Maaddaama ninka ay saaran tahay hawl adag iyo inuu nolosha la hardamo, wuxuu si fudud ku illoobaa wixii soo maray. Haddii uu xusuusto wax kasta oo qabsaday, waxaa laga yaabaa inay niyadjab ku keento halkaana uu ku gabo hawshii loo igmaday.

Dhanka kale marka laga eego, raggu dumarka waxay kaga xusuus badan yihiin xusuusashada ku saabsan deegaanka iyo wixii la xiriira, halka haweeneydu ay kaga horreyso wixii dadka xiriir la leh. Waxaa laga yaabaa kulan ay lammaane isqabaa ka wada qayb galeen in haweeneydu ay ka sheekayso isu-imaanshihii dadka iyo muuqaalkoodii, sida dharka iyo dareenkooda, ninkuna uu ka warramo hadalladii, cuntadii iyo wixii la mid ah. Sidoo kale, socdaalka dalxiiska ah haweeneydu waxay ka sheekaysaa dadkii ay ku kulmeen, ninkuse muuqaalka deegaanku sidii uu ahaa.

Sidoo kale, dumarku ragga way kaga horreeyaan xusuusta dhacdooyinka qiirada (emotion), gaar ahaan kuwo xilli hore dhacday. Qaybta maskaxda ee maamusha qiirada iyo xusuusta ee dumarku way ka weyn tahay midda ragga, taas ayaa keenta in dumarku marka ay arrini la soo deristo oo dareenkeedu kaco, ay maskaxdeeda hareeyaan xusuusta dhacdooyin waa hore dhacay, mar kasta oo uu ninku sameeyo arrin dareenkeeda kiciyana, waxay soo xusuusataa oo ay ku xirtaa gefafkiisii hore. Ragga waxaa ku yar inuu soo xusuusto arrin horey u dhacday ama uu ku xiro dhacdo hore. Waxay u badan tahay inuu xoogga saaro arrinta hadda hortaal. Arrintaas waxay sabab u tahay inuu ninku kaga horreeyo haweeneyda maareynta iyo agaasimidda arrimaha iyo go'aan qaadashada degdegga ah. Barbara Annis and John Gray (2013).

Saamir Saqaa (2011), wuxuu sheegay in labada lammaane inay ku kala geddisan yihiin wax caadeysiga. Tusaale ahaan, ninku waxaa laga yaabaa dharka uu xirtaa inuu hal nooc u badan yahay, wax badanna aanu ka beddelin, goobaha lagu caweeyo amaba wax laga cunana uu meelo kooban caadeysto, hal dhakhtarna uu ku koobnaado. Haweeneydu waxay jeceshay kala-gedisnaanta iyo noocyeynta, mar walbana dhar nooc ah inay hesho ayey xiiseysaa. Haddii haweeneyda hawsha faraha looga qaadi lahaa, waqti walba rinjiga guriga, alaabta taal way beddeli lahayd. Wixii caafimaadka ku saabsan, ma jecla inay hal dhakhtar ku koobnaato, waxayna raadisaa mar walba midka ugu fiican.

Haddii ay adeeg labada lammaane isku raacaan, waxay u badan tahay inay isaga horyimaadaan xilliga loogu talogalay in suuqa lagu jiro. Ninku wuxuu doorbidaa inuu abbaaro shaygii uu u baahnaa, kaddibna intuu lacagta bixiyo iridka ka tooso. Haweeneydu sidaa way duwan tahay, waxayna ku bixisaa waqti dheer inay adeegato, waxayna jeceshahay inay dukaanka gees ka gees uga baxdo. Waxaaba la arkaa inay iibsato shaygii ay u timid mid ka duwan, ama wax ka badan wixii ay raadineysey, waxaana badan inay ku walaacdo shaygaas, odaygeedana ay ku celceliso inay weydiiso midka fiican iyo midka ku habboon.

Saamir Saqaa (2011), isagoo sii wada wuxuu soo qaatay tirakoob ku saabsan adeegga suuqa oo ay sameysey majallada Sahratul Khaliij. Waxaa la weydiiyey rag iyo dumar badan inay jecel yihiin waqtiga ay ku qaataan adeegga, ragga 94% waxay ku jawaabeen, "maya", dumarkana 98% waxay ku jawaabeen, "haa". Waxa kale oo la weydiiyey inay xiiseeyaan inay dukaammada dhex tamashleeyaan si ay isha u mariyaan waxyaabaha cusub. Ragga 90% waxay sheegeen inaanay jeclayn, dumarkana 84% waxay caddeeyeen inay xiiseeyaan.

Kala duwanaanta xilliga carruurnimada

Sida ay xuseen Anne Moir and David Jessel (1992), kala duwanaanta labada jaad ama jinsi kuma koobna ama ma muuqato marka ay weynaadaan ee waxay ka soo bilaabantaa inta ilmuhu uurka ku jiro, waxayse si cad u muuqataa marka ilmuhu dhasho. Mar haddii ay kala duwan tahay maskaxdoodu waxay saameyn ku yeelanaysaa doorashadooda iyo dhaqankooda. Koox carruur ah oo wiilal iyo gabdho isugu jira oo ciyaaraya haddii aad u dhabbo-gashid, waxaa kuu muuqanaya inay aad u kala duwan tahay sida ay u ciyaarayaan iyo waxa ay ku ciyaarayaan.

Wiilasha ciyaartooda waxaa ku jira dagaal, tartan iyo dhaqdhaqaaq badan, haddii uu rabo inuu wax lagu ciyaaro doortana sifaadkaa uu jecel yahay qalab-ciyaareed leh ayuu dooranayaa, sida qori, gaari iyo wixii la mid ah. Waalidku marka uu ilmaha iskuulka geeyo, inta badan wiilashu waxay ku yaacaan garoonka, halka ay badan tahay inay gabadhu waaridka ku harto, ama kaddib ay ciyaarta ka qayb-qaadato. Wiilashu waxay jecel yihiin inay wax dhisaan, wax kastana ku ciyaaraan.

Gabdhaha ciyaartoodu waxay u badan tahay wada sheekaysi, ciyaar aan xoog iyo tartan ku jirin oo aan dhaqdhaqaaq badan iyo iscayrsi lahayn, qalab-ciyaareedkoodana sifaadkaas ayey ku doortaan. Sidaa awgeed, inta badan wiilasha waxaa looga cawdaa dhaqdhaqaaq badan iyo rabsho, halka gabdhahana looga cawdo sheeko badan.

Sidaa darteed, sida ay isku dhexgalaan oo ay u wada xiriiraan wiilasha iyo gabdhuhu way kala duwan tahay. Wiilasha waxaa ka muuqda tartan, adadayg, is muquunin, isku awood-sheegasho. Waxay muujiyaan firfircooni jir ahaaneed iyo hadallo ay xafiiltan ka muuqdaan. Gabdhuhu, taa ka soo horjeedkeeda, xiriirka ka dhexeeya waa mid ku dhisan dareen iyo isku nuglaan, sheeko, ciyaartoodu ma leh isku awood-sheegasho iyo adadayg. Isku dhaca ka dhexdhaca wiilasha inta badan waxay salka ku haysaa mid fal ah, sida dagaal jireed mid afeed oo toos ah, dhanka gabdhuhu ay u badan yihiin mid afeed oo aan toos aheyn, sida xanta. Marco Del Giudice (2015).

Anne Moir and David Jessel (1992), waxay ku doodayaan in ilmuhu marka ay 4 sano gaaraan ay jecel yihiin in jaad ama jinsi kasta uu gaarkiis u ciyaaro. Wiilku dan kama galo wiilasha uu la ciyaarayo, waxa uu fiiriyaa inay ciyaartu xiiso geliso iyo inkale. Gabdhuhu waxay u badan tahay inay isku xushaan sida ay isku fahmayaan, waxayna fiiriyaan cidda ay la ciyaarayaan. Halka gabdhuhu ay ka aqbalaan ilmo ka yar inuu ku soo biiro, wiilashu waxay jecel yihiin inay ku biiraan kuwo ka waaweyn.

Marka ay sheekaysanayaan wiilasha sheekadoodu waxay u badan tahay sheekooyin ay ka buuxaan wax burburin, dagaal iyo xabsi, halka gabdhaha sheekadooda ay hareyso saaxiibtinnimo iyo sheeko dareen leh.

Gabdhuhu waxay jecel yihiin inay gaar isugu baxaan oo sheekaystaan, iyagoo sirtooda isweydaarsanaya. Haddii uu muran dhexmaro, ma adeegsadaan gacan iyo isriixriix, laakiin afka ayey ka wada hadlaan. Wiilashu waxay bilaabaan iscayrsi, dheecaammadooda (hoormoon) lagu laray dagaalka iyo colaadda ama hardanka (aggression) ayaa ku qasbaya inay sameeyaan ciyaar fal ah, tartan, is-maquunin iyo hoggaamin.

Leonard Sax. (2010), wuxuu sheegay in gabdhuhu inta ay yaryar yihiin ay afka barashadiisa uga horreeyaan wiilasha. Ereyada ay taqaan gabadha ilaa 2 sano jirka ahi waxaa lagu oddorosaa inay gaaraan labanlaabka inta uu yaqaan wiilka ay isku ayniga yihiin. Inkastoo marka ilmuhu sii weynaadaba ay kala duwanaantaasi yaraaneyso, haddana waxaa muuqata in inta ilmuhu ay yaryar yihiin ay gabdhuhu kaga horreeyaan wiilasha barashada afka.

Anne Moir and David Jessel (1992), ayaa sidaas oo kale sheegay in marka ay timaaddo xagga hadalka, gabdhuhu ay ka horbartaan wiilasha hadalka, taana waxaa keenaya sida maskaxdoodu u sameysan tahay. waxay sheegeen baaritaan lagu sameeyey carruur da'doodu u dhaxayso 2 ilaa 4 sano inay muujisay in gabdhuhu kaga horreeyaan wiilasha inay ku hadlaan ereyo luqad ahaan si fiican loo fahmi karo. Gabdhaha saddex jirka ah hadalkooda 99% waa mid la fahmi karo, halka wiilashu ay hal sano ka dambeeyaan.

Wiilashu waxay jecel yihiin inay wax faaqidaan oo baaraan, waayo qaabka maskaxdoodu u sameysan tahay ayaa keenaysa. Waxay jecel yihiin dhinac walba inay guriga uga baxaan, wax walbana tijaabiyaan. Gabdhuhu waxay jecel yihiin hadalka iyo dhegeysiga, waayo waa sida maskaxdoodu u qaabeysan tahay. Saynisyahanno ayaa waxay sameeyeen tijaabo, iyagoo garoon yar ku wareejiyey derbi, kaddibna ilmihii iyo waalidkii ayey kala kexeeyeen. Gabdhihii, intay dhexbartanka istaageen, ayey oohin bilaabeen, wiilashiise intay aadeen dhankii darbiga ayey raadiyeen inay jirto meel bannaan.

Taasi waa midda keenta, sida ay muujinayso tirakoob shan

waddan oo Galbeedka ah, sida uu Saamir Saqaa (2011) soo guuriyey, in sifaadka ay raggu jecel yihiin, isagana daydaan ay ka mid tahay, hanweyni (hammaam), tartan, firfircooni, gacan-sarreyn, mutasallid, ixtiraam, hawl-karnimo, go'aan-adayg. Dumarku waxay jecel yihiin, beer-jileec (حنونة), jaceyl, laab-lakac (حساسة), sharaf badnaan (كريمة), soo jiidashada (جذابة), daacadnimada (صدوقة).

Kala duwanaanta dhanka waxbarashada

Labada jinsi waxay ku kala duwan yihiin dhanka waxbarashada, jinsi walbana waxaa lagu xagliyaa inuu dhan ku fiican yahay. Iyadoo fursadaha waxbarashada ay u siman yihiin labada jaad ee ragga iyo dumarka, haddana waxaa weli si weyn u muuqda kala duwanaanta maaddooyinka iyo qaybaha waxbarashada ee labada jaad u kala badan yihiin. Maaddooyinka Xisaabta, farsmada (engineering), kombuyuutarka, warshadaha, dhismaha iwm, waa qayb u xiran ragga oo ay aad ugu badan yihiin. Dumarkuwaxay ragga uga badan yihiin maaddooyinka arrimaha bulshada, caafimaadka, waxbarashada iwm. Kala duwanaantaasu waxay salku ku haysaa kala duwanaanta abuurka jirka, qaab-dhismeedka maskaxda iyo hormoonnada jirka.[43] Arrintaa dhabnimadeeda waxaad ka arkaysaa jaamacadaha, waxaanan arrinkaa ka xaqiijiyey jaamacad aan dhigto in dumarku ay aad ugu yar yihiin kulliyadaha farsamada (engineering).

Saamir Saqaa (2011), sidoo kale ayuu sheegay iyo dumarku ku horreeyaan maaddooyinka luqadda iyo kuwa adabka loo yaqaan, ragguna ay ku sarreeyaan maaddooyinka cilmiga ah, sida Sayniska iyo Xisaabta. Tirakoob lagu sameeyey dumarka dhigta kulliyadaha Faransiiska sannadihii 2009/2010 waxaa

43 Smyth E. (2007).

lagu soo bandhigay sidan:

- Kulliyadaha afafka 73.8%
- Kulliyadaha aadaabka 71.7%
- Kulliyadaha barashada aadanaha 67.3%
- Farmashiyaha 67.3%
- Caafimaadka 61%
- Cilmiga (Saynis iyo Xisaab) 27.6%

Xiiseynta ay dumarku xiiseeyaan maaddooyinka afka waxay u noqoneysaa inay dumarku ragga kaga horreeyaan wixii hadal iyo afka ku saabsan, xataa waqtiga carruurnimada ay afka ka horbartaan. Dhanka caafimaadka iyo arrimaha la xiriira basharka inay u badan yihiin waxaa keenaya sida ay u jecel yihiin wixii ku saabsan xiriirka arrimaha bulshada.

Sida Anne Moir and David Jessel (1992) ay sheegeen, waxaa jira dumar badan oo goostay inay bartaan maaddooyinka ragga lagu xagliyo sida Xisaabta iyo Fiisigiska, iyagoo raba inay muujiyaan sinnaanta ragga iyo dumarka. Sidaa oo ay tahay, Ingiriiska dumarka injinneerada ah kama badna 5%, halka kuwa diyaaradaha haga ay gaarayaan ilaa 3%. Si kasta oo la isugu dayo in la baabi'iyo kala qoqobnaanta shaqada, waxaa la dhaafi waayey in jinsi ama jaad walbaa shaqadii Alle u dooray uu ku qanco.

Iyadoo loo siman yahay fursadihii waxbarasho, qof walbaana, wiil iyo gabarba, uu dooran karo maaddadii uu doono, dumarkana lagu dhiirrigeliyo inay ragga la qaybsadaan maaddooyinka ay gaarka la noqdeen, 1980 Ingiriiska 99% madaxda shirkadaha, injinneerada, dhakhaatiirta qalliinka, xataa kuwa imtixaanka baabuurta qaada, dhammaantood waxay ahaayeen rag. 98% barayaasha jaamacadaha Ingiriiska waa rag. Sidoo kale, meelaha dumarku ku badan yihiin, sida isbitaallada oo kalkaaliyayaashu ay 96% dumar yihiin, haddana madaxda sare ee isbitaalladu, intooda badani, waa rag. Iyadoo ardayda jaamacadda caafimaadka barata ay dumarku bar ka yihiin, boosaska sare ee caafimaadka 2% ayaa dumarku qabtaa. Dhanka iskuullada, kuwa hoose 83% macallimiintu waa dumar, laakiin 81% maamulayaashu waa rag.

Iyagoo taageeraya sida dunida ay ugu sii janjeersaneyso in jaad walba ku koobnaado maaddooyinka abuurkiisa ku habboon ayey Anne Moir and David Jessel (1992) yiraahdeen:

"Qoraal ka hadlaya baaritaan dhawaan la sameeyey wuxuu qeexayaa inay jirto koror jiil walba oo labada jaad ah oo muujinaya kala duwanaantii dhaqanka ahayd oo ay dumarka u jeesteen dhanka caafimaadka, waxbarashada iyo wixii la mid ah, halka ragguna ay u leexdeen qorshaynta dhaqaalaha, qorsheynta nabadgelyada, ganacsiga, kaas oo dhaqankayaga lagu xiriirin jirey labka

Sida uu Saamir Saqaa (2011) sheegayo, gabdhaha wax ku barta iskuullada isku-dhexjirka ah waxay ka hooseeyaan dhanka waxbarashada iyo akhlaaqdaba kuwa dhigta iskuulada gabdhaha gaarka u ah. Dumar badan oo boos sare gaarey waxay u badan yihiin kuwo iskuulladaa gaarka ah ka soo baxay, tusaale ahaan haweeneydii ugu horreysey ee loo magacaabo wasiiradda Arrimaha Dibadda ee Maraykanka, Maldeline Albright.

Kala duwanaanta dhanka hoggaaminta

Hoggaamintu waa arrin ay jaangooyadeeda leedahay abuurka iyo dabeecadda qofka, labada jaadna si kala duwan ayey u dareemaan taas oo ay saameyn ku leeyihiin hoormoonnada jirka iyo jaadka ama jinsiga qofka. Saynisyahannada qaar ayaa sheegay in hoggaamintu 57% ay tahay wax abuurka la xiriira, halka 43% ay tahay wax xiriir la leh dhaqanka, deeganka iyo wixii la halmaala. Mohammed S. A. Al-Shamrani (2013).

Saamir Saqaa (2011), sida uu tilmaamay, marka ay timaaddo dhanka siyaasadda iyo hogaaminta, waxaa jira dheecaan (hormoon) la yiraahdo Testosterone kaas oo ku badan ragga, waxaana lagu magacaabaa "Hormoonka Ragga", waxaana loogu magacaabey badnaanta uu ragga ku badan yahay. Hoormoonkaasu dumarka waa ku yar yahay, wuxuuna keenaa kala duwanaan weyn oo labada jinsi ah, haddii ay noqon lahayd dhanka jirka iyo midka maskaxda.

Hormoonkaasu waa midka keena inay raggu jecel yihiin hardanka, saydareynta (Dominance) maamulka iyo inay taliyaan. Dheecaankaasu wuxuu ku yar yahay dumarka, waxaana la ogaadey in dumarka 20% uu xadkiisu iyo inta uu dumarka ku yahay dhaafsan yahay, dumarkaasuna waa kuwa inta badan loollanka siyaasadda gala. Ragga ilaa 20% ayuu hoormoonkaasu ka hooseeyaa xadka ragga, waxayna intooda badani doorbidaan inay guursadaan.

Tirakoob ku saabsan cidda uu qofka ku qanacsan yahay inuu madaxweyne noqdo, ama duuliye ka noqdo diyaaradda uu saaran yahay, 90% ragga iyo 80% dumarka waxay ku jawaabeen inay xasillooni dareemaan marka madaxweynuhu ama duuliyuhu uu nin yahay. Sidoo kale, haweenku waxay doorbidaan in dhakhtarka qalliinka ku sameynayaa uu nin noqdo.

Sida uu xusay Leon F. Seltzer (2009), jacaylka saydareyntu (dominance) waxay keentaa geesinnimo, hoggaamin iyo isku-kalsoonaan. Haddii ay aad u badato waxay keeni kartaa dagaal waxashnimo ah, qallafsanaan iyo naxariis-darro iyo in ninka ay ku badan tahay aanu guurkiisu wanaagsanaan.

Sidoo kale, waxaa lagu tilmaamaa ragga uu hormoonka Testosterone ku bato sal-fudeyd, dulqaad la'aan, kalsooni la'aan.

Ma ahan oo keliya dabeecadda iyo dhaqanka waxa uu keeno hormoonkani, wuxuu keenaa kala duwanaan xagga jirka ah. Wuxuu xoojiyaa murqaha iyo lafaha, wuxuuna keenaa codka weyn ee ragga, curka hunguriga, timaha garka iyo timaha kale ee jirka intiisa kale ka soo baxa, shurufta. Hoormoonkaasu wuxuu kordhiyaa firfircoonida jireed iyo midka maskaxeed, sida rabitaanka galmada.

Baaritaan ayaa soo bandhigay in heerka hoormoonkaas uu door weyn ka ciyaaro qaadashada go'aammo adag oo dhaqaalaha ku saabsan. Sidoo kale, baaritaankaasu wuxuu tilmaamay in ninka hoormoonkaasu uu ku yaraado haddii jaceyl ku dhaco, sidoo kalena uu hoos u dhaco marka uu waalid noqdo, halka haweeneyda uu ku badanayo haddii jaceyl ku dhaco.

Sidoo kale waxaa jira hormoon la yiraahdo Iistarajiin (Oestrogen/Estrogen), laguna magacaabo Hormoonka Dumarka, keenana in dumarka ka duwan yihiin ragga. Wuxuu kobciyaa, ilaaliyaa oo uu daryeelaa qaabka xubnaha taranka ee dumarka. Wuxuu sababaa inay dumarku ragga ka xayr badan yihiin, sida sinaha, barida, naasaha iyo dhammaan waxyaabaha keenaya dumarnimada. Wuxuu daryeelaa caafimaadka xubnaha taranka gudahooda, gaar ahaan xuubka ku gedfan ilmo-galeenka gudihiisa. Sidoo kale, wuxuu sababaa in dumarka dubkoodu uu ka dux badan yahay ragga.

Waddammada qaar ayaa waxay soo rogeen in tirada haweenka ee baarlamaanka gelaya ay noqoto tiro go'an. Taas waxaa keenay markii ay arkeen sida aanay dumarku dan badan uga lahayn loollanka hoggaanka. Xilliyadii dambe Soomaaliya waxay ka mid noqotay waddammada arrinkaa afka loo mariyey, laguna qasbay in tirada haweenka baarlamaanka soo galaya ay, ugu yaraan, 30% noqdaan, halka waddammada Galbeedka ee arrinkaa u yeerinayaa aanay sharci waddammadooda ka ahayn. Haweeneydii, intay tartan gasha, la doorto waa iyada iyo dadnimadeeda, laakiin ma jirto tiro go'an oo u degsan.

Qaar ka mid ah haweenka u ololeeya xuquuqda haweenka ayaa arrintaa u arkay meel-ka-dhac iyo in dumarka laga dhigayo inaanay cadkooda goosan karin. Waxay aaminsan yihiin in haweenka lagu tixgeliyo waxqabadkooda, laakiin wax aanay kartidooda ku keensan in la siiyaa waxay u qaateen inay quursi iyo hoos-u-dhig tahay. Dhanka kale, Barbara Annis and John Gray (2013) waxay qabaan in rumeysnaanta isla mid noqoshada ama sinnaanta dhan walba ah ay ee ragga iyo dumarku ay yihiin caqabadda ugu weyn ee hortaagan in la hagaajiyo is fahanka labada nooc ee ragga iyo dumarka. In laga dhigo kala duwanaanta labada nooc ee dadka mid bulshadu abuurto waa diidmo cad oo la diidayo dabeecadda iyo abuurka.

Kala duwanaanta dhanka caafimaadka

Mar walba oo cilmigu sii hormaraba waxaa soo baxaya waxyaabo cusub oo aan hore loo aqoon. Waxaa maalin walba la maqlaa baaritaanno cusub oo la sameeyey, kuwaasoo soo saara waxyaabo cusub oo dadka ka yaabiya. Inkastoo qaarkood laga dabo-tago, waxaase jira kuwo dadka raad weyn ku yeesha, noqdana xaqiiqo aan la dhaafi karin. Mar kasta Alle wuxuu aadanaha u feydaa wax cusub si ay ugu caqli-qaataan.

Waxaa jira kala duwanaan u dhaxaysa sida jirku uga falceliyo marka cudur soo weeraro. Sidoo kale, waxaa jira cudurro dumarku u badan yihiin iyo kuwo raggu u badan yihiin, arrinkaas oo ay sabab u tahay kala duwanaanta qaabka jirku u shaqeeya iyo hoormoonnada jirka. Tusaale, xanuunka ku dhaca lafaha waxaa u badan dumarka halka cudurrada wadnaha ku dhaca ay raggu u badan yihiin. Sidoo kale, hal cudur ayaa waxaa kala duwanaan kara calaamadaha lagu garto cudurka, kororkiisa iyo hoos u dhiciisa ee ka muuqda ninka iyo haweeneyda. Martha L. Blair (2007)

Saamir Saqaa (2011) oo dhakhtar ah ayaa wuxuu buuggiisa ku sheegay inaanu fahmin markii ugu horreysey ee uu akhriyo magac-bixinta Nooceynta Caafimaadka (الطبّ النوعي), laakiin markii uu u sii dhabbo-galey uu ogaadey in loola jeedo kala geddisnaanta ragga iyo dumarka marka la eego waxa cudurrada keena iyo saameynta daawadu ku leedahay. Waxaa la ogaadey in kala duwanaanta labada jinsi ay gaartey inay xataa kala duwanaato saameynta cudurradu ku leeyihiin, cudurrada qaarna ay jinsi ku badan yihiin.

“Arrinta la yaabka leh waxaa weeyaan inay culimada (caafimaadku) ay daaha ka qaadeen in saameynta daawadu ay ku kala geddisan thay ninka iyo haweeneyda, sidaa darteed waxaa la arkaa in doorashada daawada ee mustaqbalka ay ku xirnaato jinsiga bukaha. Iyadoo ay badatay ogaanshaha kala duwanaanta (ragga iyo dumarka), ayaa waxaa laga abuuray oo laga furay jaamacadaha Maraykanka qaar ka mid ah baritaan caafimaadkaa goonida ah, si arrintaa xog looga helo, lagana soo saaro natiijo cilmi ah”. (Saair Saqaa, 2011).

Wuxuu Saamir tusaale u soo qaatay saameynta kiniiniga Aspirin-ku uu ku leeyahay labada jinsi. Wuxuu sheegay inuu ragga ka yareeyo inuu ku dhaco wadne-istaag (heart attack), dumarkana wuxuu ka yareeyaa inuu ku dhaco Stroke (cudur khatar ah oo uu keeno marka dhiiggu ka xirmo qayb maskaxda ka mid ah). Waxaa jira dheecaan (enzyme) ku jira jirka oo la yiraahdo CYP3A4 oo masuul ka ah rogidda qaar daawooyinka ka mid ah, isla markaana jirka ka saara. Dareerahaasu wuxuu ku firfircoon yahay dumarka marka loo eego ragga qiyaastii 40%. Taasi waxay keentaa in jirka dumarku uu si degdeg ah uga takhaluso daawooyinka qaarkood. Sidaa darteed, waxay u baahan yihiin qaadasho ama daawo ka badan midda ragga si ay u helaan waxtarkaas oo kale.

Sidoo kale, waxaa kala geddisan waqtiga uu qofka ka soo naaxo suuxdin lagu sameeyey. Waxaa badan inay dumarku ay ku soo naaxaan ilaa Toddoba daqiiqo, ragguna ilaa Kow iyo Toban daqiiqo. Waxyaabaha ay ku kala saameynta badan yihiin waxaa ka mid ah in qofku hadalka ka xirmo, arrinkaasuna wuxuu ku badan yahay ragga, sidoo kale, shigshigiddu waxay ku badan tahay ragga, xubno xanuunkuna wuxuu ku badan yahay dumarka.

QAYBTA TODDOBAAD

HOGGAAMINTA IYO MADAXTINNIMADA

HOGGAAMINTA AMA madaxtinnimadu (imaamnimada) waa ka wakiil noqoshada shaqadii Nabiyada oo ah ilaalinta diinta iyo maamulidda dunida, guntamiddeeda ciddii ummadda u qaban lahaydna waa waajib, sida culimadu isku raaceen, sida uu yiri Abul Xasan Al-Maawirdi.[44] Waa hoggaaminta guud ee arrimaha diinta iyo dunida, sida uu yiri Al-Taftaazaani.[45] Waa ka wakiil noqoshada Rasuulka (ﷺ) iyo oogidda diinta iyo ilaalinta caqiidada oo ay waajib ku tahay ummadda oo dhan, sida uu yiri Caduddiin Al-Iiji.[46] Ka wakiil noqosho Nabiga (ﷺ) , sida uu yiri Rashiid Ridaa.[47]

Dhammaan macnaha iyo hadallada culimadu ku sheegeen hoggaaminta ama imaamada waa kuwo isku mid ah, waxayna

44 Abuu Xasan Cali Bin M. Al-Maawirdiyi (2006).

45 Basdaami M S. Khayr (2006).

46 Cadtuddiin A-Iijiyi (1997).

47 Maxammed Rashiid Ridaa (1994).

ku wareegeysaa in ummadda muslimiintu doortaan ruuxii madax u noqon lahaa si ay u ilaashadaan arrimahooda diinta iyo midda adduunyada.

Islaamku hawl kasta cidda qabanaysa wuxuu u sameeyey shuruudo iyo waxyaabo u diidaya inuu qabto hawshaa haddii uu la yimaado. Sidaa darteed, hoggaamiyaha waxaa loo dejiyey shuruudo, waxaana la caddeeyey cidda dooran karta iyo sida lagu dooranayo. Nawawi wuxuu ku yiri kitaabkiisa Al-Majmuuc (Baabu kafaaratul qatli, juz 19), "Hoggaamiyuhu waa inuu yahay muslim, caqli leh, lab ah, caadil ah, cilmi aanu muqallad ku noqon leh, geesi maamuli kara arrimaha muslimiinta iyo inuu Quraysh u dhashay."

Sidoo kale, Iimaan Nawawi wuxuu ku sheegay shuruudaha hoggaamiyaha kitaabkiisa Rawdatu Ad-daallibiin, wuxuuna yiri, "Imaamku waa inuu yahay muslim, qaangaar, caqli leh, caadil ah, xor ah, lab ah, cilmi leh, geesi ah, u qalmid iyo aragti toosan leh, wax maqla, hadlina kara, Qureysh ah".[48] Wuxuu ku sii daray Nawawi in haddii la waayo nin Qureysh ah, loo dhiibayo nin shuruudahaa laga helay oo reer Kanaana ah, kaddib nin Nabi Ismaaciil faraciisa ah, kaddib nin Cajam ama nin Jurhum ah oo ah qabiilo asalkeedu Carab ahaa.

Maawirdi wuxuu ka dhigay shuruudaha hoggaamiyaha 7 shuruudood, wuxuuna ku sheegay kitaabkiisa Al-Axkaamu As-Suldaaniya:

1. Caddaalad kulansatay shuruudihii looga baahnaa.
2. Cilmi uu ku gaaro inuu ku ijtihaado dhacdooyinka iyo arrimaha ku imaanaya.
3. In dareemayaashiisu ay nabad-qabaan, sida aragga, maqalka iyo hadalka.

48 Abuu Zakariyaa Annawawi (1405).

4. Inay xubnihiisu aanay iin lahayn kuwaas oo ka hor istaagaya dhaqdhaqaaqa iyo sare-istaag degdeg ah.
5. Aragti uu ku kasbanayo inuu ummadda hogaamiyo, maamulana arrimaheeda.
6. Geesinnimo uu ku ilaaliyo sharafta (bayda) iyo la dagaallanka cadowga.
7. Inuu noqdo Qureysh. (Abuu Xasan Cali Bin M. Al-Maawirdiyi (2006).

Maawirdi halkan kumaanu darin shuruudaha in hoggaamiyuhu uu lab noqdo, sida culimada kaleba ay u shardiyeen. Isla kitaabkiisa Al-Axkaamu As-Suldaaniya ayaa wuxuu ku sheegay shuruudaha qaalliga, wuxuuna ugu horreysiiyey inuu lab yahay, wuxuuna yiri, "Shardiga koowaad waa inuu (qaalligu) nin yahay, shardiganina wuxuu kulminayaa laba sifo oo kala ah qaangaar iyo labnimo. Qofka aan qaangaar ahayn waxba loo qaban maayo oo dambi loo qori maayo, xukunna ka dhalan maayo hadalka uu naftiisa ka yiri, waxaana ka sii xag-jira cid kale wuxuu ka yiri. Dhanka dumarka waxaa loogu diidey waa ka hooseynta dumarka darajada hoggaaminta (wilaayaadka) inkastoo hadalkooda uu xukun ka dhalanayo. Abuu Xaniifa wuxuu sheegay inay u bannaan tahay inay haweeneydu xukunto wixii ay ka markhaati kici karto, wixii aanay ka marag furi karinna ma xukumi karto. Ibnu jariir Ad-Dabari ayaa la gooni noqday (arrintaa), wuxuuna banneeyey inay xukumi karto axkaamta oo dhan. Mudnaan ma leh hadal uu diidayo kulanka culimadu (Ijmaac) iyo weliba hadalkii ALLAAH:

﴿ٱلرِّجَالُ قَوَّٰمُونَ عَلَى ٱلنِّسَآءِ بِمَا فَضَّلَ ٱللَّهُ بَعْضَهُمْ عَلَىٰ بَعْضٍ وَبِمَآ
أَنفَقُوا۟ مِنْ أَمْوَٰلِهِمْ﴾

"Ragga ayaa u taagan (maamulka) haweenka, ka fadilidda Eebbe qaarkood qaar (Ka fadilay) iyo ku nafaqeynta xoolahooda darteed"
Qur'aan Suurah al-Nisaa, 4:34

Macnaha waa caqliga iyo aragtida, mana banneyn inay ragga maamulaan. Hadalka shiikhu wuxuu muujinayaa inuu shiikhu culimmada kale la qabo inaanay haweeneydu hoggaanka ummadda qaban karin, waayo mar haddii uu u diiday inay qaalli noqoto, waxaa ka sii fog inay hoggaamiye noqoto. Waxa kale oo uu shiikhu caddeeyey in arrintaa uu la keli noqday Ibnu Jariir iyo inay gabadhu qaalli ka noqon karto wax kasta, laakiin Abuu xaniifa uu shardi ka dhigay wixii ay gabadhu marag ka furi karto. Haweentu waxay marag ka furi kartaa wax kasta marka laga reebo xuduudda iyo dhaawacyada. Waxa kale oo uu shiikhu caddeeyey in arrinkaa ah inaanay haweeneydu hoggaamiye noqon karin ay culimadu ku kulantay oo ku ijmaacday.

Maxammed Rashiid Ridaa wuxuu sheegay shuruudaha hoggaamiyaha, wuxuuna yiri: "Waxaa loo shardiyaa inuu yahay muslim, caqli leh, qaangaar ah, lab ah, caadil ah, xor ah, mujtahid ah, geesi ah, u qalma oo aragti toosan, maqal, arag iyo hadalba leh, Qureyshna u dhashay. Haddii Qureysh la waayo nin arrimahaa kulansaday oo reer Kanaana ah, haddii la waayona nin ku abtirsada Nabi Ismaaciil, haddii la waayona nin cajam ah oo aan carab ahayn".(Maxammed Rashiid Ridaa 1994).

Hoggaamiyahaa ummaddu madaxa ka dhigatay wuxuu ummadda ku yeelanayaa inay maqlaan oo addeecaan, una gargaaraan oo garab istaagaan. Maawirdi wuxuu ku yiri kitaabkiisa Al-Axkaamu As-Suldaaniyah, "Imaamku ama hoggaamiyuhu haddii uu ka soo baxo xilkiisa, gutana xuquuqdii ay ummaddu ku lahayd, wuxuu gutay xaqii Alle ku lahaa, waxaana ummadda waajib ku noqonaya labo arrimood; inay maqlaan oo addeecaan, iyo inay u gargaaraan, haddii aanu xaalkiisu isbeddelin". (Abuu Xasan Cali Bin M. Al-Maawirdiyi, 2006).

Macnaha, haddii aanu ka soo baxi waayin wixii loo xilsaaray, sida inuu la yimaado caddaalad xumo, faasiqnimo, ama ay ku dhacdo wax u diidaya inuu xilkiisa si wanaagsan u guto.

HOGGAANKA IYO HAWEENKA

WAXAAN SOO marnay waxa culimmadu ku fasireen hoggaanka iyo inuu yahay in ummadda lagu hoggaamiyo wixii diinteeda iyo adduunyadeeda u wanaagsan, sidoo kalena uu yahay ka wakiil-noqosho nabiyadii Alle oo ahaa kuwii Alle u doortay inay ummadda hoggaamiyaan. Waxa kale oo aan soo aragnay shuruudaha hoggaamiyaha ummadda inay ku jirtey inuu lab ama nin noqdo, taasina waxay caddeyneysaa inaanay qof haweeney ah aanay xilkaa qaban karin.

Allaah wuxuu Quraanka ku sheegay inay dumarku guryahooda ku ekaadaan, wuxuuna ku yiri aayadda 33aad ee Suuradda Al-Axzaab:

﴿وَقَرْنَ فِي بُيُوتِكُنَّ وَلَا تَبَرَّجْنَ تَبَرُّجَ ٱلْجَٰهِلِيَّةِ ٱلْأُولَىٰ﴾

"Ku sugnaada guryihiinna, hana u wareegeysannina (idinkoo isfaydi) sidii jaahiliintii horreysey" Qur'aan Suurah al-Axzaab, 33:33

Qurdubi isagoo aayaddan sharxaya ayaa wuxuu ku yiri

kitaabkiisa, "Macnaha aayadda waxaa weeyaan amrid la amrayo (dumarka) inay guryahooda ku sugnaadaan. Inkastoo hadalku uu ku wajahan yahay dumarkii Nabiga, haddana dumarka kale macne ahaan waa soo gelayaan".[49]

Arrintaa Islaamku dumarka amrayo ee ah inay gurigooda ku sugnaadaan ayey hadda baadigoobayaan dumarkii Galbeedka ee awood waxay lahaayeen saaray sidii ay ragga ula loollami lahaayeen. Sida uu Mustafa Sibaaci (2003) sheegay, Jarmalka ayaa tirakoob la sameeyey waxaa la weydiiyey dumar badan oo dhammaantood shirkado iyo goobo ganacsi oo waaweyn lahaa inay doorbidi lahaayeen inay shaqadooda ka mirodhaliyaan iyo inay nolosha qoyskooda ku guuleystaan. Dhammaantood waxay sheegeen inay doorbidi lahaayeen midda qoysnimada, waxayna raaciyeen inay diyaar u yihiin inay reerkooda shaqadooda u huraan, laakiin aanay suurtagal ahayn inay ninkooda iyo carruurtooda shaqada u huraan.

Nabigu (ﷺ) wuxuu xadiis ay weriyeen Bukhaari, Axmed, Tarmiidi iyo Nasaa'i ku yiri:

"لن يفلح قوم ولوا أمرهم امرأة"

"Ma guuleystaan ummad taladooda dumar u dhiibtey"

Hadalkaa wuxuu Nabigu (ﷺ) yiri markii loo sheegay inuu dhintay boqorkii Faarisiyiinta, taladiina loo dhiibey gabar uu dhalay.

Ibnu Xajar, isagoo sharxaya xadiiskan ayaa wuxuu ku yiri kitaabkiisa Fatxu Albaari', "Bin Tiin wuxuu yiri, xadiiska Abii Bakrata waxaa daliishada qolada diiddan in haweeneydu

49 Kitaabkiisa الجامع لأحكام القرآن **tafsiirka aayadda 33 ee suuradda Al-Axsaab**

ay qaalli noqoto waana sida hadalka culimadu u badan yahay, waxaase khilaafay Ibnu Jariir oo yiri inay u bannaan tahay inay xukunto ama qaalli ka noqoto waxyaabaha ay ka marag furi karto".[50]

Sh. Maxammed Mukhtaar Shinqiidi, isagoo sharraxaya Zaadu Al-Mustaqnac[51], kana hadlaya imaamnimada salaadda ayuu yiri, "Annagoo arrimahaa wax ku dhisayna, ma ansaxayso imaamnimada dumarka ay ragga u noqonayaan. Waxay ku keliyoobeen Daa'uud iyo Ad-Dabari inay ansaxayso imaamnimada dumarku ay ragga u noqonayaan, waxayna soo hoos galeysaa (ayey yiraahdeen) xadiiskii Nabiga (ﷺ) ee ahaa:

"يؤم القوم أقرؤهم لكتاب الله"

"Waxaa dadka tujinaya kooda ugu fiican Quraanka"

Hadalkaasu waa mid tabar daran oo daciif ah, waayo wuxuu ka hor imaanayaa sunno sax ah, taas oo tusinaysa inaanay bannaanayn hogaaminta dumarku ragga hoggaamiyaan, imaamnimada salaadduna waa hoggaamin, sidoo kale salaaddu waa waxyaabaha ugu waaweyn. Nabigu (ﷺ) wuxuu yiri:

"لن يفلح قوم ولوا أمرهم امرأة"

"Ma guuleystaan ummad taladooda dumar u dhiibtey"

Marka loo noqdo daliilkooda ay xadiiskan:

"يؤم القوم أقرؤهم لكتاب الله"

"Waxaa dadka tujinaya kooda ugu fiican Quraanka"

---

50 Ibnu xajar Al-casqalaani (1379-Jus 13).

51 Maxammed Mukhtaar Ash-Shinqiidiyi. (2001).

ka qaateen waxbaa ku jira, sababtoo ah ereyga «القوم» waxaa looga jeedaa "ragga", waxaana muujinaya aayadda Alle:

﴿يَٰٓأَيُّهَا ٱلَّذِينَ ءَامَنُواْ لَا يَسْخَرْ قَوْمٌ مِّن قَوْمٍ عَسَىٰٓ أَن يَكُونُواْ خَيْرًا مِّنْهُمْ وَلَا نِسَآءٌ مِّن نِّسَآءٍ عَسَىٰٓ أَن يَكُنَّ خَيْرًا مِّنْهُنَّ﴾

"Yaanu yasin ragna rag (kale), waxay u dhowdahay inuu ka khayr badan yahaye, haweenna yaanay haween yasin, waxay u dhowdahay inay ka khayr badan yihiine"
Qur'aan Suurah al-Xujaraat, 49:11

Ereyga «قَوْم» ee aayadda lagu sheegay waxaa looga jeedaa "ragga", sababtoo ah dumarkiina waa lagu sii dabo-xiray".

Kowthar Kaamil (2006) waxay taxday shuruudaha hoggaamiyaha guud, waxayna u qaybisay qayb la isku raacsan yahay iyo qayb la isku khilaafay. Inta la isku raacay waxay ka dhigtay, Islaam, caqli, qaangaar, caddaalad, jir ahaan iyo dareemayaalba u nabadqabo, labnimo. Shuruudaha la isku khilaafsan yahay waxay ka dhigtay, inuu ijtihaad gaarey, inuu dambi ka dhowrsoon yahay iyo inuu Qureysh u dhashay. Kaddib markii ay ka hadashay addilladii iyo hadalladii culimada ayey raacisay, "Waxaa nooga caddaanaya hadalladaa inay culimadu isku raacday inaanay haweeneydu noqon karin hoggaamiyaha guud, waana sida aan raacsanahay".

Faadumo Cumar (1995), iyadoo ka hadlaysa haweeneyda iyo hoggaaminta ummadda ayaa waxay tiri: "ALLAAH hawshan wuxuu u gaar yeelay ragga, dumarkuna waxba kuma lahan, arrinkaasuna waa hawl-qaybsi ee ma ahan hoos-u-dhigid iyo fududaysi dumarka la fududaysanayo. ALLAAH wuxuu u abuuray ragga iyo dumarkaba qaab-jireed ku habboon mid walba hawsha uu u diray. Hawshan oo kale waxay u baahan tahay in loo baxo kormeerid joogto ah, waxayna keensanaysaa in dadka loo soo banbaxo, haweeneydana, marka loo eego shareecada Islaamka, uma bannaana inay u soo banbaxdo ragga iyo inay dhexgasho.

Sidoo kale, abuurka jirkeeda tabarta daran iyo abuurka nafteeda jilicsan iyo waxyaabo khaas ah oo jir ahaan ku yimaada ayaa u diidaya inay qabato hawshan u baahan awood, ad-adayg iyo talo-qaadasho adag, sifaadkaasna ninka ayaa laga helaa, marka la eego abuurkiisa iyo dabeecaddiisa. Haddii dan guud ay ku jirto in hawshaa dumarka loo dhiibo, Islaamku kama aamuseen, laakiin wuxuu Islaamku haweeneyda u dhiibay hawl middaa ka muhiimsan, waana midda hooyannimada, hawshaas oo aanu ninku gudan karin si kasta oo uu ugu gacan-bannaanaado, waana baylahmaysaa haddii haweeneydu uga mashquusho hawl aan loogu talogalin.

Hawshan ah hogaaminta guud, aad ayey u yar tahay tirada dumarka ah ee u soo istaaga, sababtoo ah waxay ka horjeeddaa abuurkeeda iyo dabeecaddeeda. Waxaan aragnaa waddammada dastuurkooda ku daray inay haweeneydu siyaasadda ka qaybqaadato, sida doorashada, isa soo sharrixidda, in xubin baarlamaanka laga noqdo in tirada haweenku aanay wax la sheego ahayn. Haddii hawshaasu ay ku habboonaan lahayd abuurkeeda, waxay noqon lahayd in kala bar tirada baarlamaanku ay dumar noqdaan, laakiin arrinkaasu marna ma dhicin. Dhacdooyinka muuqda waxay qirayaan in arrimaha siyaasaddu ay yihiin kuwo aan laga xiiseyn dhanka haweenka, wax dan ah oo ugu jirtana aanay jirin".

Maraykanka waxaa jira 500 shirkadood oo lagu magacaabo 500 shirkadood ee ugu waaweyn, looguna yeero (Fortune 500 companies), tirakoob la sameeyey 2012 wuxuu caddeeyey in madaxda 500 ee shirkadood 20 ka mid ahi ay dumar yihiin, inta kalena ay rag yihiin, waa saami u dhigma 4%. (Colleen Leahey, 2012)

Maxammed Saciid Al-Buudiyi (1996) wuxuu isweydiiyey sababta haweeneyda looga reebay inay ummadda hoggaamiso, wuxuuna u celiyey labo arrimood. Mid wuxuu ka dhigay arrimo diineed, midna arrimo siyaasadeed. Hoggaamiyaha waxaa saaran inuu dadka Jimcaha iyo salaadaha tujiyo, haweeneydana laguma waajibin Jimce iyo jamaaco toona. Sidoo kale, hoggaamiyaha ama imaamka waxaa saaran inuu ku dhowaaqo dagaal, hogaaminta ciidanka iyo wixii dagaalku u baahan yahay, sidoo kalena inuu ogeysiiyo nabad la qaadanayo ama heshiis, haweeneydana laguma waajibin jihaadka.

Sidoo kale, wuxuu ku sii daray in, marka dib loo eego taariikhda, ay ilbaxnimooyinkii hore ay Islaamka ku waafaqeen in arrinkaasu yahay mid ragga gaar u ah. Haddii dib loo jalleeco madaxdii soo martay dadyowgii aan muslimiinta ahayn, dumarka darajadaa gaarey waa faro-ku-tiris.

Taariikhda Islaamka laguma hayo, laga soo bilaabo Saxaabada, inay dumarku saami ku lahaayeen maamulka dawladda, raggana ay la wadaagi jireen maamulka ummadda, hawlgelinta ciidammada, hoggaaminta dagaalka, kala xukumidda dacwooyinka iyo qaalli noqoshada. Qarniyaashii saddexda ahaa ee uu Nabigu ku tilmaamay in dadkii joogey ay ummadda ugu fadli badan yihiin dumarkii joogey ee iyaguna noqonaya dumarkii ugu fadli badnaa, kuma doodin, farahana lama gelin arrimaha siyaasadda iyo hoggaaminta. Waxay aaminsanaayeen hawsha ay ummadda u hayaan oo ah hawsha qoyska inay ka muhiimsan tahay inay daboordaan hawl aanay ka bixi karin.

Sidaas oo ay tahay way jireen haween saameyn weyn ku lahaa raggooda sida haweeneydii Haaruun Ar-Rashiid oo la oran jirey Zubeyda. Sidoo kale waxaa jirtey haweeney la oran jirey Shajarata Ad-durra oo lagu neynaasi jirey Ummu Khaliil. Waxaa lagu sheegaa inay Turki u dhalatay, waxayna ahayd addoon, waxaana iibsadey Suldaan Saalix Najmuddiin Ayuub, kaddibna wuu guursadey. Xilligii Salaaxuddiin Ayuubi ayaa ninkeedii dhintay, kaddibna waxay la wareegtey madaxtinnimadii Masar, waxaana la sheegaa inay maamuleysey ilaa Saddex bilood, waxayna amar ku bixisay in geerida suldaanka la qariyo. Waxay u farriin dirtay wiil uu suldaanku dhalay, markii uu yimidna waxay ku wareejisey hoggaankii.

Saalax As-Saawi (2011), mar la weydiiyey shuruudaha hoggaamiyaha ummadda, wuxuu ku daray inuu imaamku ama hoggaamiyuhu yahay lab, wuxuuna yiri, "Ma guntameyso u duubidda haweeneyda hoggaamiye, culimaduna way ku kulantay, waxaana caddeynaya hadalkii Rasuulka (ﷺ) markii ay soo gaartey in Faaris loo doortay haweeney:

"لن يفلح قوم ولوا أمرهم امرأة"

"Ma guuleystaan ummad taladooda dumar u dhiibtey"

Sidaa ay u noqonaysana waxaa weeye; arrinta hoggaamintu waxay ku dhisan tahay in ragga la dhexgalo, lalana tashado, dumarkana waxay ku dhisan yihiin asturraan iyo inay guriga ku sugnaadaan. Waxaa intaa dheer inaanay haweeneydu ku habbooneyn dagaal, awood-sheegasho, ciidan-hoggaamin, dagaal-abaabulid iyo wixii ay hogaamintu keensanayso.

Sidaa darteed, culayska hawshu waxay u baahan tahay

awood aanay dumarku ka soo bixi karin, mana qaadi karto masuuliyadda ka dhalanaysa hawshaas sida dagaalka, heshiiska iyo arrimahaa khatarta ah. Sidaa awgeed ayey culimadu waxay ku kulmeen inuu hoggaamiyuhu noqdo nin".

Joornaalka Guardian (Guardian, 2012), ee ka soo baxa Ingiriiska ayaa wuxuu soo bandhigay qoraal uu uga hadlayey dumarka siyaasadda ku jira, wuxuuna qoraalku soo baxay maalin ka hor sannad-guuradii 101aad 2012 ee Maalinta Haweenka. Qoraalku wuxuu ka hadlayey haweenka siyaasadda ku jira, wuxuuna cinwaan uga dhigay, "Women's representation in politics". Qoraalku wuxuu sheegay in ilaa 17 waddan ay dumarku madaxweyne ama ra'iisul wasaare ka yihiin, dumarka xildhibaanno ahaa sannadkii 2011 waxay ahaayeen 19.5%. Qaaradda Yurub dumarka xildhibaannada ah waa 22.3%. Golaha wasiirrada dumarka ku jiraa sannadka 2012 waxay ahaayeen 16.7%.

Anne Moir and David Jessel (1992), waxay xuseen in xilligii Ingiriisku uu Ra'iisal wasaare u doortay haweeney sannadkii 1979 ay tirada dumarka siyaasadda ku jira ay ka yareyd kuwii ku jirey 1945. Waxay tusaale u soo qaadatay baarlamaanka Kibbutz (urur yuhuud ah), iyagoo leh siyaasad cad oo ah inay ragga iyo dumarku siyaasadda u siman yihiin, haddana dumarku way ka firfircooni hooseeyaan ragga. Marka goluhu ka hadlayo arrimo ku saabsan bulshada, waxbarashada iyo arrimaha dhaqanka, dumarku xoogga ma saaraan arrimaha dhaqaalaha, jiheynta arrimaha siyaasadda iyo nabadgelyada. Marka awoodda maamulku sii korodhaba waxaa ballaaranaya farqiga u dhexeeya ragga iyo dumarka. Boqolkii ninba lix ka mid ah ayaa gaarta heerka ugu sarreeya ee awoodda, halka dumarka kunkiiba Lix ka gaaraan.

Mustafa Sibaaci (2003) wuxuu soo guuriyey in labada gole

ee maraykanka midka odayaasha iyo wakiillada ay tirada dumarka ku jiraa gaarayeen sannadkii 1926 108 dumar ah, doorashooyinkii ku xigeyna waxay gaareen 131 haween ah. Wixii intaa ka dambeeyey waxay bilaabeen dumarkii Maraykanku inay tiradoodu sii yaraato ilaa ay noqdeen ilaa Sagaal haween ah dumarka ku jira Koongareyska Maraykanka".

Sidii aan horey u soo sheegnayba, baaritaannadii la sameeyey waxay qireen in qaabka uu u sameysan yahay jirka dumarku iyo sida ay maskaxdu u habeysan tahay ay ka duwan yihiin kuwa ragga. Taasi waxay keenaysaa in jirka dumarku aanu awoodi karin, ama aanu u fulin karin sidii la rabey hawlaha qaar ka mid ah. Sidoo kale, in kala duwanaanta qaabka maskaxdu u habeysan tahay ay keenayso inay kala duwanaato qaabka jinsi walbaa u fekero, ama ula dhaqmo xaaladaha qaar.

Waxa kale oo la caddeeyey, sidii aan horey u soo xusnayba, inay kala duwan yihiin hoormoonnada jirka ee dumarka iyo raggu, arrinkaana uu keeno kala duwanaan aad u muuqata. Hoormoonka lagu magacaabo Testosterone, looguna yeero "Hormoonka Ragga", ayaa sababa inay raggu wax badan kaga duwan yihiin dumarka, haddii ay ahaan lahayd muuqaalka jirka, lafaha, murqaha, garka, codka, sidoo kale inay raggu jecel yihiin hardanka, saydarada (Dominance) maamul iyo talo jaceylka. Sidoo kale waxaan soo xusnay inuu jiro hormoon la yiraahdo Iistarajiin (Oestrogen/Estrogen), laguna magacaabo Hormoonka Dumarka, kaasoo keena in dumarku ka duwan yihiin ragga.

Haweeneydu Qaalli, Wasiir Iyo Xildhibaan Ma

Noqon Kartaa?

Jagooyinkani waxaa lagu tiriyaa inay yihiin kuwa ugu sarreeya marka laga hadlayo maamul iyo dawladnimo, marka laga reebo madaxa dawladda, magaca uu doonaba ha watee, sida khaliifka, imaamka, madaxweyne dawladda, hogaamiye dawladda, boqor iwm. Waxay isugu jiraan kuwo Islaamku yaqaanney, sida wasiir iyo qaalli, iyo kuwo xilli dambe yimid, sida xildhibaan.

Reerka waxaa lagu tilmaamaa dawlad yar inuu yahay, waxaana loogu ekeysiiyey waa inuu mid walbaa u baahan yahay kala sarreyn, kala dambeyn, iskaashi iyo isxushmeyn. Aabbaha ayaa laga dhigay waayeelka reerka, xuquuq iyo waajibaad isu dhigmana waa loo yeelay, hooyadana sidoo kale ayaa loo jaangooyey hawsha reerka uga aaddan, xuquuq ka dhalaneysana waa loo gooyey. Haddii hawlahaa la isku khaldo, wuxuu reerkii noqonayaa mid aan is-haysan, ugu dambeynna burbur iyo kala tag uu ku dhammaado.

Sidaas si ka daran ayey dawladdu u baahan tahay in loo ilaaliyo, waayo xumaanteedu waxay saameyneysaa ummadda oo dhan. Rag saxaabada ka mid ahaa, laguna yaqaanney wanaag iyo geesinnimo, sida Abuu Dar ayuu Nabigu uga digey inay maamul qabtaan, sababtuna waxay ahayd waxyaabihii lagu mudan lahaa ayaa wax ka maqnaayeen. Nawawi oo xadiiska Abuu Dar sharxaya ayaa sheegay inuu xadiisku yahay saldhig weyn oo muujinaya in laga fogaado qabashada madaxtinnimada, gaar ahaan qofkii aan ka soo bixi karin hawshaasi wixii ay u baahan tahay. Qofkii hawl aanu mudneyn qabta ama waa mudan yahaye aan sidii la rabey u qaban, shalleyto iyo dhib ayuu kororsday.[52] Sidoo

52 Abuu Zakariyaa Annawawi (1392).

kale ayuu Cumar Ibnu Khaddaab dhanbaallo u kala diray hoggaamiyayaashii ciidammada oo uu uga digayo inaanay Baraa Ibnu Maalik ciidan madax uga dhigin. Wuxuu uga cabsi qabey inuu ciidanka halis geliyo, waayo wuxuu ahaa nin geesi ah oo aan gabban.[53] Cuqdad iyo dhib toona umaanay qaadan ee way aqbaleen, waxayna ku qanceen abuurka iyo saamiga Alle siiyey. Sidaas oo kale ayaa cid walba looga baahan yahay.

Qaalli

Waxaan soo tilmaannay in culimadu sida ay u badan yihiin ay ku tageen inaanay haweeneydu qaalli noqon karin, waxayna u shardiyaan inuu qaalligu nin yahay. Waxa kale oo aan soo xusnay in Xaafid Ibnu Xajar uu kitaabkiisa Fatxu Al-Baari' uu ku sheegay in Ibnu Jariir Ad-Dabari uu khilaafay culimmada inteeda badan, wuxuuna ku tagey inay haweeneydu qaalli ka noqon karto wixii ay ka marag furi karto. Sidoo kale, dhowr ka mid ah culimada mad-habka Maalikiyada ayaa ku tagey inay haweeneydu qaalli noqon karto.[54]

Waxa kale oo aan soo marnay inuu Maawirdi kitaabkiisa Al-Axkaamu As-Suldaaniya uu ku daray shuruudaha qaalliga inuu nin yahay. Isagoo ka jawaabaya hadalka Ibnu Jariir ayaa wuxuu yiri: "Mudnaan ma leh hadal uu diidayo kulanka culimadu (Ijmaac) iyo weliba hadalkii ALLAAH:

﴿ٱلرِّجَالُ قَوَّٰمُونَ عَلَى ٱلنِّسَآءِ بِمَا فَضَّلَ ٱللَّهُ بَعۡضَهُمۡ عَلَىٰ بَعۡضٖ وَبِمَآ أَنفَقُواْ مِنۡ أَمۡوَٰلِهِمۡۚ﴾

53 Shamsuddiin Ad-Dahabi (2006).

54 Ibnu xajar Al-casqalaani (1379-Jus 13).

"Ragga ayaa u taagan (maamulka) haweenka, ka fadilidda Eebbe qaarkood qaar (Ka fadilay) iyo ku nafaqeynta xoolahooda darteed"
Qur'aan Suurah al-Nisaa, 4:34

Macnaha waa caqliga iyo aragtida, mana banneyn inay (dumarku) ragga maamulaan".[55]

Ibnu Qudaama Al-Maqdasiyi wuxuu ku sheegay shuruudaha qaalliga kitaabkiisa Al-Muqni,[56] wuxuuna yiri, "Qaalliga waxaa laga rabaa saddex shardi; dhammeys (kamaal), caddaalad iyo inuu ehlu cilmi (ijtihaad) yahay. Dhammeystirka wuxuu ku sheegay labo qaybood; sharci ahaan inuu dhammeystiran yahay, waana caqli, qaangaar, xornimo iyo labnimo. Midda labaad waa inuu jir ahaan dhammeystiran yahay, waana inuu hadli karo, arag iyo maqalna leeyahay. Wuxuu sii raaciyey in Ibnu Jariir laga sheegay inaanu shardi ka dhigin labnimada, waayo haweeneydu waa fatwoon kartaa, sidaa darteed, qaalli waa noqon kartaa. Sidoo kale wuxuu sheegay inuu Abuu Xaniifa qabo inay qaalli ka noqon karto wixii aan xuduud ahayn, maaddaama ay ka markhaati kici karto."

Intaa Ibnu Qudaama wuxuu ku sii daray, "Kuma habboona (haweeneyda) imaamnimada (hoggaamiyaha) guud, iyo inay balad madax ka noqoto, sababtoo ah Nabigu (ﷺ) uma dhiibin haweeney qaallinnimo iyo inay balad madax ka noqoto, saxaabada iyo kuwii ka dambeeyeyna ma sameyn, intii naga soo gaartey. Haddii uu arrinkaasu bannaanaan lahaa, lagama waayeen waqtiyadii la soo maray oo dhan".

Shawkaani, isagoo sharraxaya xadiiska, «لن يفلح قوم» ayaa wuxuu ku yiri Naylu Al-Awdaar, " Wuxuu daliil u yahay inaanay haweeneydu ehel u ahayn maamulka, bulshadana uma bannaana inay xukunka u dhiibaan, sababtoo ah arrin

55 Abuu Xasan Cali Bin M. Al-Maawirdiyi (2006).

56 Ibnu Qudaama Almaqdasiyi (1405).

liibaan la'aan keenaysa in laga fogaado waa waajib. Fatxu Albaari (Ibnu Xajar) wuxuu ku yiri in la isku waafaqay in qaalligu nin noqdo, laakiin Xanafiyadu waxay ka reebeen xuduudda. Ibnu Jariir wuu guud yeelay, laakiin wuxuu culimada ku raacay in loo shardiyo aragti dheer, aragtida haweeneyduna waa naaqis, gaar ahaan markii ay joogto golayaasha ragga".[57]

Golaha Culimada Azhar (1970), iyagoo sharraxaya xadiiska «لن يفلح قوم» ayaa waxaa hadalkoodii ka mid ahaa, " Sida muuqata Nabigu (ﷺ) uma jeedin ka warramid liibaan la'aanta qoladaa maamulka u dhiibatay haweenta oo keliya, waayo hawshiisu waa inuu ummaddiisa u sheego waxa u bannaan si ay khayrka iyo wanaagga u gaarto iyo waxa aan u bannaaneyn si ay uga nabadgasho shar iyo khasaare. Wuxuu u jeedey inuu ummaddiisa ka reebo waxa Faarisiyiintu sameeyeen oo ah inay taladoodii dumar u dhiibteen".[58]

Waa sii wadeen culimadu, "Shaki kuma jiro in ka reebidda iyo nahyiga xadiiska laga faa'iideysanayo uu u diidayo haweeney kasta xilli kasta ha joogtee inay qabato wax ka mid ah hoggaanka guud ee ummadda. Sidaasi waa sidii ay u fahmeen saxaabadii iyo dhammaan culimmadii hore (salafka), kamana soo reebin haweeney, ama qolo gaar ah, ama arrimo gaar ah. Dhammaantood waxay u daliishanayeen xadiiskan inaanay haweeneydu qaban karin hoggaamiyaha guud (imaamatu kubraa), qaallinnimada, hoggaaminta ciidammada iyo wax kasta oo ku taxaluqa hoggaaminta".

Sidaan soo xusnay, haweenku uma dulqaadan karaan xukunka qaarki, sida dilka. Waxaan soo sheegnay la-taliye

57 Maxammed Bin Cali Ashawkaaniyi. (1993).

58 Golaha Culimada Azhar. (1970).

Masri ah inuu Maxammed Ra'fata Cuthmaan u sheegay haweeney qaalli ahayd oo ku suuxday goob lagu qaadayey xukun dil ah markii ay u adkaysan weydey.

Sidii aan soo marnayba, culimmada qaar sida culimmada mad-habka Xanafiyada iyo Ibnu Qaasim oo Mad-habka Maalikiyada ah waxay sheegeen inay gabadhu xukumi karto wixii ay ka marag kici karto. Daliilka ugu weyn ee culimadaasi daliishadeen waxaa weeye qiyaas-qaadasho ay kaga qiyaas qaateen markhaatiga.

Sidoo kale, Ibnu Xazam Ad-daahiri iyo Ad-dabari iyo qayb Xanafiyada ka mid ah waxay ku tageen inay gabadhu wax kasta ay qaalli ka noqon karto. Ibnu Xazam ayaa sheegay in laga soo weriyey Cumar Ibnu Khaddaab in haweeney ay isku reer ahaayeen lana oran jirey As-shifaa uu u xilsaaray arrimaha suuqa, wuxuuna ku sheegay xadiiska «لن يفلح قوم» in looga jeedo hoggaaminta guud.[59] Waxa kale oo ay daliishadaan qisadii haweeneydii Sabaa, la tashigii Nabiga (ﷺ) Ummu Salama heshiiskii Xudaybiya. Waxa kale oo ay soo daliishadaan qisadii dagaalkii "Jamal" la baxay ee dhexmaray Cali Ibnu Abii Daalib iyo saxaabadii kale ee u ololeynayey in la soo qabto nimankii dilay Cismaan Ibnu Cafaan oo ay Caa'isha hormoodka ka ahayd. Sidoo kale, inay dumarku jihaadka ka qayb geli jireen, inay fatwoon jireen, fatwada iyo qaallinnimaduna waa isku mid iyo haweeneydii Shajara Ad-dura ee aan horey u soo xusnay.

Markaan eegno doodda culimada banneynaya inay haweeneydu qaalli ka noqon karto waxa ay ka marag-kici karto, amaba ay arrin kasta ay qaalli ka noqon karto waxay ku soo uruuraysaa qiyaas ay markhaatiga uga qiyaas qaateen qaalliga, waana labo arrimood oo kala duwan. Qof kasta oo

59 Ibnu Xazam Ad-daahiriyi (-).

marag furi karaa ka dhalan mayso inuu qaalli noqon karo.

Soo daliisashada boqoraddii Sabaa, waxay culimadu ka yiraahdeen, marka hore inay gaalad ahayd, sida Quraanku sheegay. Midda labaad, waa sharci ummado naga horreeyey, markii ay islaamtayna xukunkeedii looma celin, waxayna ka mid noqotay bulshadii muslimiinta ahaa ee uu Nabi Suleymaan xukumayey.

Inuu Nabigu la tashaday Ummu Salama waxay muujinaysaa in ninku la tashan karo haweeneydiisa, taasna cid diiddan ma jirto, waxayna la mid tahay inay gabadhu wanaagga dadka fari karto, xumaantana ka reebi karto. Daliil ma u noqonaysaa in Nabigu (ﷺ) qaatay taladii Ummu salama in gabadhu qaalli noqon karto, ama isu sharrixi karto?

Arrinta hooyadeen Caa'isha, marna ma sheegan inay hogaamiye ahayd, waxayna qirsaneyd in Cali Ibnu Abii Daalib uu amiirkii muslimiinta ahaa. Ciidanka waxaa ku jirey Dalxa iyo Subeyr, waxayna ku socdeen heshiisiin iyo in loo ololeeyo sidii loo soo qaban lahaa raggii Amiirkii muslimiinta, Cusmaan diley. Waxaa sugan in Caa'isha ay ka qoomameyn jirtey bixitaankeedii.

Qisada inuu Cumar u xilsaaray gabadhii la oran jirey As-shafaa, culimadu waxay sheegeen in qisadaasi aanay sugneyn, Ibnu Alcarabina kitaabkiisa Axkaamu Al-Quraan wuxuu ku yiri, "Waa waxyaabaha ay bidcadu dadka u qariyaan". Sidoo kale, Ibnu Xazam wuxuu ku weriyey qisada, "waxaa la weriyey,"oo ah sifaadka daciifka.[60]

Hadalka Ibnu Jariir loo tiiriyey ee ah inay haweeney qaalli noqon karto culimo badan ayaa diiddey inuu hadalkaasu

60 Cabdullaahi Cali Alcabdali. (2015).

shiikha ka sugnaaday. Labada imaam ee Ibnu Al-Carabi iyo Qurdubi waxay sheegeen inaanu hadalkaasu imaamka (Ibnu Jariir) ka sugneyn. Labadooda kutub ee tafsiirka ah ayey arrinkaa ku sheegeen.[61]

Wasiir

Ereyga "Wasiir" waa erey carabi ah, macnihiisuna yahay ciirsi, gabbaad, waxaana loogu bixiyey waxaa kaalmeysta, ama u ciirsada ama la tashada hogaamiyaha ama cidda madaxda ah, kana dhigata gacan-yare.[62]

Sharci ahaan, culimadu waxay u qaybiyeen labo qaybood, sida Maawirdi uu ku sheegay kitaabkiisa Al-Axkaamu As-Suldaaniya. Midda hore waxaa lagu magacaabaa: «وزارة تفويض», waana in hoggaamiyuhu, ama madaxweynuhu uu u wakiisho arrin, una fasaxo inuu arrintaa ku maamulo ra'yigiisa iyo cilmigiisa. Sidaas oo kale waxaa ku fasiray Qaaddi Abuu Yaclaa.[63] Midda labaad waxaa lagu magacaabaa, «وزارة تنفيذ», waana in uu madaxweynuhu cid u wakiisho si uu u fuliyo amarro, ama farriin uu u dhiibey, wuxuuna gudanayaa wixii la soo faray.

Maawirdi wuxuu sheegay in wasiirka fulintu uu ka hooseeyo midka amarka loo daayey, waayo midka fulintu wuxuu ku kooban yahay wixii madaxweynuhu, ama imaamku soo faray. Waxaa loo shardiyaa midka amarka loo daayey «وزير تفويض» shuruudaha imaamka, ama madaxweynaha, shuruudaha imaamka ee la isku raacsan yahayna waa: Muslinnimo, caqli, qaangaar, lab, caddaalad iyo in lixaadku

61 Maxammed Bin Axmed Alqurdubiyi. (2003).

62 Majdiddiin Fayruus-aabaadi (2015), Alqaadi Abuu Yaclaa (2000).

63 Alqaadi Abuu Yaclaa (2000).

u dhan yahay.

Wasiirka fulinta waxaa loo shardiyaa, sida ay sheegeen Maawirdi iyo Abuu Yaclaa Toddobo shardi: Ammaano, run si loogu kalsoonaado, inaanu damac badneyn si uu laaluush uga nabadgalo, xiqdi iyo cadaawad inaanay isaga iyo dadka dhex ool, inuu nin yahay mar haddii uu xogta u kala qaadayo hoggaamiyaha iyo bulshada inteeda kale, inuu caqli iyo garasho dheer leeyahay iyo inaanu hawo-raac ahayn.[64]

Xildhibaan

Xildhibaannimada iyo inuu qofku xubin ka noqdo baarlamaanka waxay u dhow tahay, ama la mid tahay waxa Islaamku u yaqaan golaha wada-tashiga «الشوري». Wada tashigu wuxuu noqon karaa mid gaar ah, sida midka qoyska ka dhexeeya, ama midka caamka ah ee bulshada ka dhexeeya.

Sida uu xusay Cali Maxammed As-Salaabi (2010), shuurada waxaa lagu fasiraa in imaamka ama qaalligu amaba bulshaweyntu ay arrin aan ugu kala caddaan kitaabka, sunnada iyo culimada Islaamka ula noqdaan dad ay ku maleynayaan inay aqoon u leeyihiin diinta ee ah culimada mujtahidiinta ah iyo ciddii la mid ah oo aqoon gaar ah u leh (arrinkaa).

"Waa ka baaraandegid aragtiyada aqoonyahanka arrin aan wax nas ah ku soo aroorin si xukun loogala soo baxo. Wada-tashigu, ama shuuradu muhimmaddeedu waxay ku uruuraysaa hal dhinac oo dhinacyada fiqiga ah, waana ijtihaadka iyo ra'yiga, boosna kuma leh wixii nas ku soo

64 Alqaadi Abuu Yaclaa (2000). Abuu Xasan Cali Bin M. Al-Maawirdiyi (2006).

arooray. Usuuliyiintu waxay dajiyeen qaacido, waxayna yiraahdeen:

"ولا اجتهاد في مورد النص"

"Ijtihaad ma jiro mar haddii nas soo arooray"
(Fayruus Cusmaan, 2009)

Al-Qurdubi, isagoo sharxaya aayadda:

﴿وَشَاوِرْهُمْ فِي الْأَمْرِ﴾

"kalana Tasho Amarka" Qur'aan Suurah Aal-Cimraan 3:159

Ayaa wuxuu ku yiri kitaabkiisa Al-Jaamic Li-Axkaami Al-Quraan, "Culimadu waa isku khilaafeen waxa Alle amray Nabigiisa inuu saxaabada kala tashado. Qaar waxay yiraahdeen waa xeesha dagaalka iyo marka cadowga lala kulmo, si uu u laabqaboojiyo, qaddarkoodana uu kor ugu qaado. Qaar kalena waxay yiraahdeen waa wixii aan Waxyi ku soo degin."[65]

Si kastaba ha ahaatee, wada-tashigu waa arrin Islaamku boorriyey, muslimiintana waxaa lagu ammaanay inay arrimahooda ka tashadaan, sida Alle yiri,

﴿وَأَمْرُهُمْ شُورَىٰ﴾

"Amarkooduna tashi yahay dhexdooda."
Qur'aan Suurah al-Shuura 42:38

Nabigu (ﷺ) wuxuu ku yiri xadiiska uu weriyey Abuu Hurayra:

65 Maxammed Bin Axmed Alqurdubiyi. (2003).

”إذا كان أمراؤكم خياركم وأغنياؤكم سمحاء كم وأموركم شورى بينكم فظهر الأرض خير لكم من بطنها. وإذا كان أمراؤكم شراركم وأغنياؤكم بخلاؤكم وأموركم إلى نسائكم فبطن الأرض خير لكم من ظهرها“ رواه الترمذي وقال : هذا حديث غريب

Xadiiska markii aan sanadkiisa baaray Shiikh Albaani wuxuu ku daciifiyey At-Tarqiib Wat-Tarhiib iyo Sunanu At-Tarmadi, laakiin wuxuu ku yiri Mishkaatu Al-Masaabiix in baaritaanka xadiiska aanu weli u dhammaan.[66]

Macnihiisa marka la soo koobo, wuxuu tilmaamayaa in marka ay dadka madax u noqdaan kuwooda ugu fiican, maal-qabeenkuna noqdo kuwooda ugu gacanta furan, arrinkoodana ay ka wada tashadaan, in dhulka dushiisa ay uga fiican tahay hoostiisa. Haddii kuwaa lidkood ay yimaadaan, taladiinnana aad dumar u dhiibataan, dhulka hoostiisa ayaa idiinka khayr badan dushiisa. Macnaha inaad dhimataan oo aad dhulka ka hooseysaan ayaa idiin fiican.

Dadku waxay isku khaldaan shuurada (wada tashiga) iyo dimuqraadiyadda, run ahaantiina farqi weyn ayaa u dhexeeya. Salaax Saawi (2011) ayaa la weydiiyey farqiga u dhexeeya shuurada iyo dimuqraadiyadda, wuxuuna ku jawaabey, “Waxa laga wada tashadaa ama laga shuureeyaa waa waxyaabaha bannaan, laakiin wixii nas ku soo arooro ummadda jid kale uma furna inay aqbasho oo u hoggaansato mooyaane. Bukhaari wuxuu kitaabkiisa Saxiixul Bukhaari ku yiri, `A'immadu, Nabiga (ﷺ) kaddib, waxay kala tashan jireen kuwa aaminka ah cilmigana leh waxyaabaha bannaan si ay u qaataan kiisa fudud, haddiise nas ku soo arooro

66 Maxammed Bin Cabdillaahi At-tabriisiyi. (1985).

Nabiga (ﷺ) wax kale ugama tallaabsan jirin.'

Dimuqraadiyadda waa awoodda ummadda, wax xad ahna ma leh, qaanuunkuna waa doonitaanka ummadda, haddii qaanuunku hadlana, damiirka waxaa waajib ku ah inuu aamuso! Ilaa nin ka mid ah kuwa qaanuunka dastuurka uu ka yiraahdo, `Waxaan ka baxnay xukunkii xaqa Alle ee boqorrada, waxaanan u baxnay xukunkii xaqa Alle ee baarlamaanka.' Islaamku wuxuu kala saaray qaanuunka nidaamka iyo hoggaanka siyaasadda, wuxuuna ka dhigay saldhigga qaanuunka nidaamka sharciga, kan siyaasaddana ummadda, halka dimuqraadiyaddu ay labadaba siisey bulshada".

Culimada xilligan iyo ka qaybgalka haweeneyda shaqada iyo siyaasadda

Sh. C/casiis Bin Baas isagoo ka hadlaya dhibaatada ay leedahay is dhexgalka ragga iyo dumarka ee goobaha shaqada ayuu yiri: "Ugu yeeridda haweeneyda ka shaqaynta goobaha raggu joogo, toos ha loogu yeero, amaba si dadban, taas oo keenaysa isdhexgal, iyadoo lagu marmarsoonayo inay tahay waxyaabaha casriga iyo horumarku keenay, waa arrin khatar weyn ah, raad iyo cirib xunna reebaysa. Kaba sii daranoo, waxay ka hor imaanaysaa nusuus cad".[67]

Sh. Maxammed Al- Cuthaymiin wuxuu ku sheegay kitaabkiisa Min-Al-Axkaami Al-Fiqhiyah Fil-fataawaa An-Nisaa'iyah, "Booska shaqada dumarka waa inay ka shaqeyso wixii dumarka gaar u ah, tusaale ahaan inay wax ka dhigto iskuullada gabdhaha, ha ahaato shaqo maamul iyo mid macallinnimo, gurigeedana shaqo badan ayaa u taal. Inay ka

67 Cabdicasiis Bin Baaz (1419).

shaqeyso shaqooyin kuwa ragga ah uma bannaana, waayo wuxuu keenayaa isdhexgal ragga iyo dumarka ah, taana waa fitno weyn oo ay tahay in laga taxaddaro".[68]

Sh. Naasuruddiin Al-Albaani ayaa la weydiiyey su'aal ku saabsan inay haweeneydu siyaasadda ka qayb-geli karto, ama baarlamaanka xubin ka noqon karto. Shiikhu wuxuu ku bilaabay in nidaamkan jira ee doorashooyinka ee ummadda la leeyahay waa inay doortaan xubnihii baarlamaanka inaanu marna noqon nidaam Islaami ah xilliyadii Islaamku jirey, laakiin uu la socday gumeysigii dunida Islaamka qabsadey. Sinnaan la'aanta aanu Islaamku simin qofka cilmiga leh iyo midka jaahilka ah uma eegaan, waaba simaan, qof walbaana waxbuu dooranayaa.

Wuxuu shiikhu sheegay in nidaamka Islaamku uu ahaa in Imaamku uu doorto Golaha Shuurada, waxaana loo eegi jirey inay dad wanaagsan yihiin, inay yihiin culimo cilmigooda lagu kalsoon yahay iyo inay leeyihiin aragti iyo caqli toosan.

Wuxuu shiikhu isweydiiyey in Golaha Shuurada ee xilligaa ay dumar ku jiri jireen, wuxuuna ku jawaabey, "maya". Wuxuu xusay inay qolooyin uu ku magacaabay hawo-raacyo oo xilligan jooga, kuna andacooda inay haweeneyda u soo celinayaan xaqeedii ay weydey, oo ku celceliya, soona qaata dhacdooyin naadir ah, sida, `hebla waxaa laga dhigay kormeere, ama arrimaha suuqa ayaa loo xilsaaray...' Wuxuu qiray inay jiraan soo guurintaasu, iyadoon la eegin inay ansaxeen iyo in kale, welibana aanu fursad u helin baaritaankooda, laakiin taariikh ahaan in la soo weriyo. Iyaddoo dhacdooyinkaasu ay yar yihiin, ama naadir yihiin, haddana inaanay xiriir la lahayn doorashooyinka iyo isku

68 Maxammed Bin Cutheymiin (1989).

sharrixidda golaha shuurada ayuu shiikhu caddeeyey.

Wuxuu Shiikhu ku soo gabagabeeyey, "Golaha shuurada ee Islaamka suurtogal ma ahan inay haweeney ka mid noqoto, welibana Nabigu (ﷺ) wuxuu yiri: «لن يفلح قوم ولو أمرهم امرأة» Nidaamka Islaamka ma jiro wax la yiraahdo doorashada Golaha Baarlamaanka, ama Golaha Ummadda, laakiin waxaa jira Golaha Shuurada, nusuus Quraanka ahna ay ku soo arooreen. Waxaa dooranaya (shuurada) hoggaamiyaha wax ku xukuma Kitaabka Alle iyo Sunnada Nabiga (ﷺ) oo kaashanaya ciddii uu ku kalsoon yahay cilmigooda iyo caqligooda".[69]

Sh. Cabdullaahi Bin Jabariin ayaa la weydiiyey inay haweeneydu qaalli noqon karto, wuxuuna ku jawaabey, "Haweeneyda uma bannaana inay qabato shaqooyinka caamka ah, kuwaas oo u keenaya inay ragga la hadasho, dhexgasho, iyo bixitaan joogto ah......(Shiikhu waa sii wadey) Sidoo kale ma bannaana inay imaam noqoto, ama qareen ay ku qasbanaato inay maxkamadaha iyo goobaha raggu joogo ku noqnoqoto.....Laakiin shaqooyinka ay dumarku u baahan yihiin dhib ma leh inay qabato, sida macallinnimada gabdhaha, daaweynta iyo kalkaalisannimada dumarka iyo goobaha kale ee ay dumarku gaarka u leeyihiin si aanay (dumarku) ugu dhibtoon la xiriirka ragga".

Sh. C/raxmaan Baraak, isagoo ka jawaabaya qorayaal xilligan jooga oo caddeeyey in taariikhda Islaamka, laga soo bilaabo saxaabada ilaa xilliyadii la soo maray aanay ku soo aroorin wax haweeneyda xaq u siinaya inay bayco la gasho imaamka, laakiin dhacdooyinkaa taariikhiga ah aanay waxba ka baddaleyn xaqiiqada xukunka sharciga ah, sababtoo ah Quraanka iyo sunnada kuma soo aroorin

69 Maxammed Naasiruddiin Al-Albaaniyi (2011).

wax diidaya inay haweeneydu ninka la wadaagto baycada.

Shiikhu wuxuu yiri,"Arrinkaasu waa mid sharciga khalad ku ah, waayo dhabnimada taariikhda iyo fiqhiga waxay daliil u yihiin xukun sharci ah, waana inaanay haweeneydu lug ku lahayn baycada, xaqna uma leh inay imaamka la mubaayacooto. Arrinku haddii aanu sidaa ahayn, waxaa ka dhalanaya in Khulafadii iyo culimadii ka dambeyseyba ay dumarka xaqoodii ku tunteen. Looma aqoon inay haweeneydu xaq u leedahay baycada in loola jeedo doorasho iyo codbixin iyo in loo doorto la taliye arrimaha ummadda, illaa waqtigii gumeysiga mooyee. In arrin lagala tashado haweeney iyo wixii ay aragti fiican ka bixiso, sharci ahaan lama diiddana in la qaato, sida arrintii ka dhex dhacday Nabiga (ﷺ) iyo Ummu Salama".[70]

Cabdulmuxsin Al-Cabbaad, "In dumarka loo diro shaqo ay ragga isdhexgelayaan, ha ahaato xafiisyada dowladda iyo hay'adaha caamka ah iyo kuwa gaarka ahba iyo wixii la mid ah waa arrin aan suurtogal ahayn, Sucuudiga iyo meel kaleba, waayo arrinkaasu sharci ahaan waa xaaraan".[71]

Sh. Maxammed Cali Farkuus (Abuu Cabdulmuciz), waxaa la weydiiyey xukunka ka qaybgalka haweeneyda siyaasadda, gaar ahaan doorashooyinka baarlamaanka iyo degmooyinka. Shiikhu wuxuu ku bilaabay inay marka hore fiican tahay in la kala saaro ka qaybgalka haweeneydu ay siyaasadda ka qayb gasho marka loo eego sharciga Islaamka iyo nidaamyada kale ee dunida, sida dimuqraadiyadda.

Ka qaybgalka haweeneydu ay siyaasadda ka qaybgasho sharciga Islaamka waxaa laga eegaa labo dhinac; inay

70 Cabdiraxmaan Baraak. (2011).

71 Cabdulmuxsin Al-Cabbaad. (2011).

isu sharraxdo hoggaanka iyo madaxweynenimada, ama hoggaammada kale ee caamka ah (sida wasiirnimo) iyo inay ka qaybgasho doorashada khaliifka (hoggaamiye). Dhan kale marka laga eegona, inay isu sharraxdo xildhibaannimo, ama doorashada xildhibaannada.

Marka ay noqoto imaamnimada (ama madaxweynaha) iyo wixii booskiisa gelaya oo ah darajooyinka waaweyn, labnimadu waa shardi culimadu isku waafaqday. Juweyni wuxuu yiri, `Waxay (culimadu) isku waafaqeen inaanay haweeneydu noqon karin imaam (hoggaamiye)), Ibnu Xazmina wuxuu ku sheegay kitaabkiisa Maraatibu Al-Ijmaac. Haddii aanay xaq u lahayn inay noqoto imaam, waxay xaq u leedahay inay aragtideeda ka dhiibato, haddii loo baahdo, qofkii darajadaa u qalma, iyadoon xubin ka ahayn Golaha Baarlamaanka. Aragti dhiibashadu waxay ka mid tahay waxyaabaha uu keensanayo wada-tashigu, waxayna soo galeysaa guud ahaan macanaha aayadda:

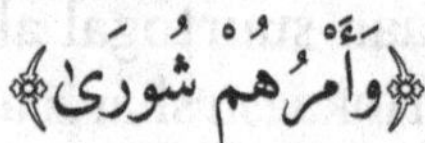

"Amarkooduna tashi yahay dhexdooda."
Qur'aan Suurah al-Shuura 42:38

Waxaa arrinkaa tusinaya hadalka uu soo guuriyey Ibnu Taymiyah ee ku saabsanaa doorashadii khaliifka markii Cumar Ibnu Khaddaab uu dhintay ee laga dhex dooranayey lixdii saxaabi ee uu Cumar magacaabay. Cabduraxmaan Ibnu Cawf saddex maalmood ayuu dadka la tashanayey, dadkiina waxay u bateen Cusmaan, cid walbana wuu talo-weydiiyey xataa gabdhaha yaryar ee maqbiyooyinka ah".

Shiikhu wuu sii wadey, wuxuuna sheegay inay haweeneydu ra'yigeeda ka dhiiban karto haddii ay ehel u tahay ijtihaad iyo aragti toosan, sababtoo ah ah ijtihaadka iyo fatwadu kuma koobna ragga oo keliya. Sidaa darteed, iyadoo haweeneydu ka qaybqaadan karto shaqada shuurada, aragtideedana ka dhiiban karto arrimaha dawladda, haddii ay ehel u tahay, haddana kama dhalanayso inay xubin baarlamaanka ka noqoto".

Shiikhu isagoo sii wada, waxna ka xusay waxyaabaha ka dhalan kara xubinnimadeeda oo isdhexgalku ka mid yahay, ayaa wuxuu jawaabta su'aashii la weydiiyey ku soo afjaray, "Gabogabadii, haweeneydu, iyadoon ku habbooneyn inay madax noqoto, xubinna ka noqoto baarlamaanka, waxay leedahay inay aragtideeda ka dhiibato cidda madax noqonaysa, ama golaha baarlamaanka geleysa, iyadoo loo eegayo shuruudihii ku xirnaa, sida islaannimo, caqli, qaargaar, caddaalad, aragti toosnaan iyo dad aqoon.

Laakiin nidaamyada kale, sida dimuqraadiyadda, qaanuunkooda iyo nidaamkooda waxaa saldhig u ah dhaqammadooda iyo wixii ay ku gaaraan caqligooda ee ay kala soo baxaan nolosha iyo wixii ay iska dhaxlaan, taasina waxay khilaafsan tahay sharciga Islaamka oo saldhiggiisu yahay waxyiga". (Maxammed Cali Farkuus ,2004)

Mustafa Sibaaci (2003), isagoo ka hadlaya xaqa ay gabadhu u leedahay inay wax doorato, ayuu sheegay in Suuriya ay arrinkaa sharciyeysay 1949, kaddibna waxaa xigey in gabadha loo oggolaado inay is sharraxdo. Wuxuu sheegay in markii la sameeyey golihii dastuur dejinta, dood dheer kaddib loo arkay inaanu Islaamku gabadha u diideyn inay codkeeda dhiibato. Mar haddii ay doorashadu tahay inay ummaddu doorato ciddii wakiil uga noqon lahayd sharci dejinta iyo la xisaabtanka xukuumadda, haweeneyda muslimka ah looma diidin inay doorato qof xuquuqdeeda u difaaca, laakiin arrinta aan la oggoleyn waxaa weeye in ragga iyo dumarku isdhexyaacaan xilliga cod bixinta, markaana ay dhacdo waxyaabihii Islaamku diiddanaa ee isdhexgalka iyo dambiyada kale ahaa.

Mustafa, isagoo sii wada, ayaa, isagoo isweydiinaya, wuxuu yiri, “mabda’a Islaamku haddii aanu gabadha u diidin inay wax doorato, ma u diidayaa in iyada la doorto? Intaannan su’aasha ka jawaabin waxaa fiican inaan qeexno waxa xildhibaanku ummadda u qabto, kamana baxayso labo arrimood oo waaweyn:

Midda koowaad: sharci dajin oo ah inuu sharciyeeyo qawaaniinta iyo nidaamka lagu dhaqmayo.

Midda labaad: Inuu kormeero sida dawladdu ay hawsheeda u gudaneyso.

Marka la eego sharciyeynta, Islaamka kuma jiro wax u diidaya inay haweeneydu noqoto mid wax sharciyeysa, waayo sharciyeyntu waxay u baahan tahay cilmi iyo in aqoon loo leeyahay baahida bulshada iyo lama dhaafaankeeda. Islaamku wuxuu u simay ragga iyo dumarka xaqa cilmi barashada, taariikhdeennana waxaa jira dumar badan oo ku xeel dheeraa culuumta xadiiska, fiqiga, adabka iyo wixii la mid ah.

Marka la eego dabo-galka dawladda, kama baxayso inay noqonayso in wanaagga la isfaro, xumaantana la iska reebo, ragga iyo dumarkuna arrintaa waa u siman yihiin. ALLAAH wuxuu yiri:

﴿وَٱلْمُؤْمِنُونَ وَٱلْمُؤْمِنَٰتُ بَعْضُهُمْ أَوْلِيَآءُ بَعْضٍ ۚ يَأْمُرُونَ بِٱلْمَعْرُوفِ وَيَنْهَوْنَ عَنِ ٱلْمُنكَرِ﴾

"Mu'miniinta rag iyo haweenba qaarkood qaarka (kale) waa u sokeeye, waxayna faraan wanaagga, kana reebaan xumaanta."
Qur'aan Suurah al-Tawbah, 9:71

Sidaa awgeed, ma jirto addillo si cad uga qaadaysa haweeneyda u qalmidda xildhibaannimada, sida sharci dejinta iyo kormeeridda.

Laakiin haddii aan arrinka dhan kale ka eegno, waxaan ogaaneynaa in mabda'a Islaamka iyo qawaaciddiisu uu ka hor istaagayo haweeneyda inay xaqaa isticmaasho. Ma ahan inaanay u qalmin, laakiin waa arrin ku saabsan maslaxadda bulshada. Hawsha qoyska ayaa ku waajibinaysa inay u gacan bannaanaato oo aanay hawl kale uga mashquulin. Haweeneydu inay rag qalaad dhexgasho, inay jirkeeda bannayso, inta la oggol yahay mooyee, inay keligeed safarto iyadoon nin xigtadeeda ahi la socon Islaamku ma oggola.

Arrimahaa afarta ah oo Islaamku adkeeyey ayaa ka dhigaya mid culus, bal aan suurtogal ahayn, inay haweeneydu baarlamaanka gasho.

Xildhibaannimadu waxay keenaysaa in guriga laga maqnaado inta badan, in rag qalaad la dhexgalo, inay safar gasho oo laga yaabo inay shirar dibadda ah ka qayb gasho. Arrimahaas qofka muslimka ah ee arka kuma dhiirran karo inuu banneeyo. Haweeneydu, inkastoo aanu Islaamku u diideyn baarlamaanka haddii ay u qalanto, laakiin marka la tixgeliyo xildhibaannimadu iyo waxa ay keensanayso, waxay ku dhici kartaa waxyaabo Islaamku reebay".

Shiikhu wuu sii wadey, wuxuuna sheegay in maslaxadda ummadda ay ku jirto inaanay haweeneydu siyaasadda ka qayb gelin, wuxuuna tusaale u soo qaatay in waddammadii ku doodayey inay haweeneyda xornimo siiyeen ay sii yaraanayso tirada xildhibaannada, taasna waxaa keenaysa inay reer Galbeedka u soo baxday inaanay faa'iido ka helin haweenkii siyaasadda loo fasaxay, balse ay ka faa'iideen qoyskii oo burbura, haweenka laftigoodiina ay ka soo taagan yihiin inay siyaasadda ku mashquulaan ama golaha baarlamaanka ku biiraan.

Shiikhu wuxuu tusaale u soo qaatay mar uu tagey Ingiriiska oo uu booqday Golaha baarlamaanka ee loo yaqaan (House of Commons), kana qayb galay shir waqti dheer socdey. "Hal haweeney ahi kama soo qayb gelin, dhammaantood way maqnaayeen". Sidoo kale wuxuu tusaale u soo qaatay in haweenka Iswiisarland ay diideen inay siyaasadda ka qayb qaataan, mar cod laga qaadeyna ay 95% diideen inay siyaasadda ka qayb galaan. Sidaas oo ay tahay, Iswiisarland waxay ka mid tahay waddammada lagu sheego inay hore u mareen.

Sacdaddiin Hilaaliyi (2010) wuxuu kitaabkiisa Ath-Thalaathuunaat uu baab ka dhigtey, "U bixitaanka haweeneydu ay shaqo u baxdo". Wuxuu sheegay inaanay ahayn arrintani mid hore loo yaqaaney, waayo ninka ayey saarnayd biilka iyo masruufidda haweeneyda. Sidoo kale, haweeneydu inay shaqo u baxdo waxay ahayd wax aad u kooban, laakiin markii ay soo baxday haween badan oo shaqo u kallahaya (Gaar ahaan xilligii kacdoonka dumarka ee Yurub uu waddammadii muslimiinta soo gaarey) culimadii xilligaa joogtey way isku khilaafeen.

Shiikhu wuxuu sheegay in culimmadii xilligaa joogey (معاصرين) ay isku waafaqeen inaanay bannaaneyn inay haweeneydu ka shaqeyso wax xaaraan ah, (sida raggaba). Waxa kale oo ay isku waafaqeen inay shaqo u bixi karto haddii aanay haysan cid masruufta, ama ay shaqadaasi tahay mid waajib ku noqonaysa inay qabato, sida caafimaadka iyo waxbarashada. Waxay isku khilaafeen shaqada aan qasabka ku ahayn inay haweeneydu u baxdo, waxaana lagu soo koobi karaa labo dhinac.

Culimada qaar xarrimaya inay haweeneydu u baxdo shaqo aanay ku qasbaneyn, culimadaana waxaa hormood u ah Sh. C/casiis Bin Baas iyo Sh. Maxammed Al-habadaan, imaamka masjidka Cisi Ibnu C/salaam. Culimmada qaar waxay ku tageen inay haweeneydu shaqo aanay ku qasbaneyn u bixi karto, haddii ay ilaalinayso xuduuddii Islaamka, sida xijaabka, isdhexgal la'aanta iyo inaanay dayaceyn xuquuqdii ninkeeda. Culimada arrinkaa ku tagey waxaa ka mid ah culimada Azhar iyo qaar badan oo culimada xilligan ah oo uu ka mid yahay Sh. Yuusuf Al-Qardaawi.

GUNAANAD

HADDII AAN milicsanno, si aan laab-lakac iyo daneysi ku jirinna aan ku fiirinno qoraalkaa kooban ee aan soo marnay waxaa inoo soo baxaya dhowr arrimood oo qormada saldhig u ah:

1. Banii'aadamku kama baxayo, wax kasta oo uu sameeyoba wixii loo abuuray. Aadanuhu wuxuu isku raacsan yahay walax kasta oo la hindiso oo dunida lagu soo kordhiyaba waxaa wax laga weyddiiyaa ciddii farsamadaa lahayd. Sidaas oo kale, ALLAAH dadka isagaa abuuray, meelo badan oo kitaabkiisa ahna wuxuu ku sheegay inuu dadka lab iyo dheddig ka dhigay. Sidoo kale, wuxuu sheegay inuu banii'aadamka ka sare mariyey noolaha kale, dadka qudhiisana aanu simin oo uu kala sare mariyey. Aqoon-yahanku midka aan aqoonta lahayn la mid ma ahan, labkuna dheddigga la mid ma ahan. ALLAAH wuxuu yiri:

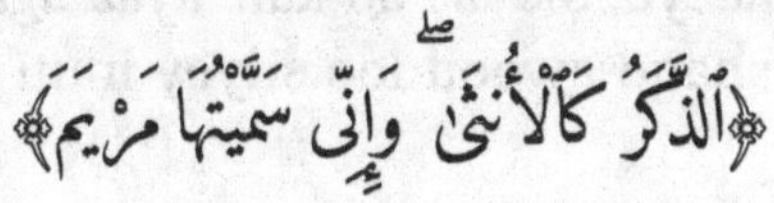

"Labna la mid ma aha dheddig, waxaanan ku magacaabay Maryam"
Qur'aan Suurah Aal-Cimraan, 3:36

Sh. C/raxmaan As-Sacdi markuu aayadda fasirayey wuxuu ka qaatay saddex arrimood: In ninku haweeneyda ka fadli badan yahay, in ilmaha loo magac bixiyo markuu dhasho iyo in haweeneydu ay ilmaha u magac bixin karto haddii aanu aabbuhu dhibsaneyn.[72] ka fadli bannaantaasu waa mid abuur ah oo uunka ku abuuran. Galbeedka isu muujisanaya inay u ololeynayaan sinnaanta dhan walba ah ee ragga iyo haweenka ayaan sidaa qabin. Tusaale aan u soo qaadanno dhacdo dhexmartay shiikh Maxammuud Shibli iyo haweeney bare ka aheyd jaamacad Holland ku taal. Haweeneydu waxay dadkii ku wargelisey inay jaamacadda ku qaban doonto kulan ay uga hadlayso sida Islaamku dumarka u liido, waxayna si gaar ah u soo qaadatay in Islaamku banneeyey in dumarka la garaaco. Shiikhu wuxuu codsadey inuu haweeneyda arrinkaa kala doodo, waana loo oggolaaday. Shiikhu wuxuu sheegay inaanay run aheyn in Islaamku oggol yahay in dumarka la garaaco, maxaa yeelay waxaa dumarka ku jira hooyo, walaal, eeddo, habaryar, soddoh... iwm, intaana ma bannaana in la garaaco. Shiikhu wuxuu u sheegay in meesha ay u socotaa ay tahay lammaanaha is qaba iyo in ninku garaaci karo xaaskiisa, taasina aanay mar walba aheyn. Waa xilli gef iyo xadgudub dhacay, markaana garaacu lama huraan ma ahan, waxaana ka horreeya tallaabooyin kale. Wuxuu sheekhu u sheegay in arrinkaa la mid yahay gefafka kale ee dhaca, ciidammada nabadgelyaduna ay gar u leeyihiin inay qofka danbi gala qabtaan, xiraan, ganaaxaan, mararka qaarkoodna ciqaab jireed lagu sameeyo. Sidaas oo kale ayaa agaasimaha ama madaxa goob shaqo awood loo siiyey inuu ganaaxi karo,

72 Cabdurraxmaan Bin Naasir As-Sacdiyi (2000).

shaqada ka eryi karo qofkii gef gala. Wuxuu sheegay in Muslimiinta iyo Galbeedku ku kala duwan yihiin aragtida qoyska. Islaamku aad ayuu u ilaaliyaa qoyska, wax nidaam ama maamul loo sameeyana reerku kow ayuu ka yahay, wuxuuna u sameeyey madax si kala danbeyni u dhacdo, wuxuuna madax uga dhigay ninka. Wuxuu u sheegay in Reer Galbeedku oggol yihiin in dukaan yar hab uu ku shaqeeyo iyo madax loo sameeyo, reerkii saldhigga u ahaa bulshadana ay ka dhigeen garbo siman. Dhanka in labku u arko inuu dheddiga ka fadli badan yahay, ma ahan yasid ee dadka, duunyada iyo uunkuba ma wada sinna oo way kala fadli badan yihiin. Raggu inuu dumarka guud ahaan ka fadli badan yahay waa wax abuur ah, adinka qudhiinna ayaana qaba. Wuxuu shiikhu weyddiistay in loo oggolaado ardaydii kulanka joogtey inuu su'aalo weyddiiyo, waana loo oggolaaday. Ardaydii ayuu ka codsadey inay su'aalaha si kal iyo laab ah uga jawaabaan, waana ka yeeleen. Wiil ayuu istaajiyey, wuxuuna weyddiiyey waxa uu yeeli lahaa haddii uu ku yiraahdo,"Wax fiican baad sameysay, sidaas darteed gabar ayaad tahay." Wiilkii wuxuu ku jawaabay inuu la dagaallami lahaa, wuxuuna ku sababeeyey in hoos loo dhigay.

Haddana gabar ayuu istaajiyey, wuxuuna weyddiiyey waxa ay sameyn laheyd haddii lagu yiraahdo, "arrin fiican baad sameysay, sidaa darteed wiil ayaad tahay."Waxay sheegtay inay ku farxi laheyd oo kor loo qaaday oo la ammaanay. Haweeneydii oo malaha indhaha taageysa ayuu u sheegay inaanay arrinkan waxba ka beddeli karin wax kasta oo ay ku bixiso.[73]

Waa arrin abuur ah oo uunka ku abuuran. Arrinku

73 Maxammuud Shibli. (2018)

haddii uu abuur yahay xal kale ma jiro in loo hoggaansamo mooyaane. Haddii la isku dayo in la is moogeysiiyo ama laga horyimaado, waxaa laga qaadi burbur iyo kala fogaansho hor leh.

2. Ragga iyo dumarku inay kala duwan yihiin jir ahaan, maskax ahaan iyo aragti ahaanba. Kala gaddisnaantaasu waxay u qaybsantaa mid muuqata iyo mid qarsoon oo cilmi iyo baaritaan lagu ogaan karo. Diinteennu wax badan ayey noo muujisay kala duwanaantaa, ragga iyo dumarkuna inay kala dabeecad duwan yihiin, mid kastaana si gaar ah in loo daaweeyo uu u baahan yahay.

A.Moir (1992), iyadoo adkayneysa kala duwanaanta ragga iyo dumarka ayaa waxay tiri, "Haddii aan doonayno inaan baabi'inno kala duwanaantaa, waa inaan isticmaalnaa wixii keenay markii horeba kala duwanaantaas. Waa inaan beddelnaa abuurkii noolaha. Waa inaan soo qaadannaa shahwo (nin) oo aan dooranney, kuna darnaa mid dumar oo u dhiganta, kaddibna bacriminnaa, markaana aan go'aansannaa nooca dhaqanka bulshada. Tusaale ahaan, in ragga laga yareeyo dabeecaddan kacsan (aggression), dumarkana lagu badiyo. Sidoo kale, dumarka laga yareeyo hooyannimada, raggana lagu badiyo. Waxaan ku shubi karnaa uurjiifka maskaxdiisa hormoonno gacan-ku-sameys ah oo ku habboon. Sidoo kale, waxaan go'aan ka gaari karnaa inaan wax ka beddelno dareenka galmo ee bulshada, waxaan markaa dooran karnaa inaan ogolaanno ama yeelno jiritaanka galmada aan habbooneyn ee jinsi-gudka ah (nin iyo nin kale, ama labo naagood)".

Qoraagu waxay u duurxulaysaa qoladan lagu kari waayey inay aqbalaan caddeymahan ay aqoonyahannadu baaritaanka ku heleen. Waxay rabtaa inay tusaaleyso in kala duwanaantaan aan lagu baabi'in karin in, inta gabadhu sarwaal isku jufto, timahana gaabsato ay ragga feer oroddo. Sidoo kale, in ragguna dhaqanka dumarka oo la iska raadiyaa iyo garka oo muluq laga dhigaa aanay dhaqan dumar ku yeelaneyn. Qofkii raba inuu kala jaadnimadaa tirtiro ha ka soo bilaabo inuu abuurka beddelo, laga soo bilaabo marka ilmuhu caloosha hooyadi ku guntamo, taana cid sameyn kartaa ma jirto..

3. Jinsi walba waxaa loo diray hawl u dhiganta abuurkiisa iyo dabeecaddiisa, haddii la isku khaldana waxaa ka dhalanaya inay nolosha dunidu jahwareerto. Labku waxbuu ku habboon yahay, dheddiguna waxbuu ku fiican yahay, ku habboonaantaasuna ma ahan mid uu qofku dooran karo, ama uu kasban karo ee waa mid abuur ah. Deegaanka iyo dhaqanku qofka saameyn weyn ayey ku leeyihiin, laakiin ma baddeli karaan abuurka, sida ay ku doodaan qolooyinka ku dooda in ragga iyo dumarku ay dhan walba ka siman yihiin.

4. Jinsi walba hawsha la saaray waxaa loogu beddelay xaq uu yeelanayo, waayo hawl kasta waxaa ka dhalanaysa xuquuq. Hooyadu waxay dhib ka soo martaa uurka, foosha, nuujinta iyo barbaarinta, waxaana loogu abaalgudey inay aabbaha saddex jeer ka xaq weyn tahay sida uu muujinayo xadiiska aan kitaabka hordhiciisa ku soo qaadannay. Aabbaha waxaa lagu abuuray karti iyo garasho dheeraad ah si uu uga soo baxo hawsha dibadda oo hardan iyo karti u baahan. Sidoo kale, waxaa ninka la saaray inuu keeno masruuf iyo marasho wuxuu reerku u baahan yahay. Abuurkaa jireed iyo maskaxeed iyo hawshaa reerka lama dhaafaanka u ah ee loo diray waxaa loogu baddelay inuu hoggaanka qabto, taladana looga dambeeyo.

5. Arrimahan awood-ku-dagaallanka ah ee labada jinsi u dhexeeya wuxuu ka dhashay dulmi iyo hagardaamo dumarka lagu hayey. Dulmigaas waxaa keenay markii la baal maray wixii Alle dunida ugu talagalay. Nimankii diinta kiristaanka sheeganayey waxay dooriyeen kitaabkii Alle, waxayna diin ka dhigteen wax ay iyagu gacantooda ku sameysteen. Taasi waxay keentay in cid Alle uu qaddariyey, waa dumarkee, ay xaqiraan kuna tuntaan. Waxaa lagu abaalmariyey in dumarkii lagu kiciyo, noloshii iyo dunidiina ay isku dhexyaacdo. Arrinkaasu wuxuu noqday mid lagu ciqaabo cid walba oo Alle kitaabkiisa iska tuurta. Waa tan oo innagana uu karbaashku nagu socdo, xalkana aynu ka raadinayno qolo waa hore luntay oo jahwareersan.

Bogga ugu caansan (Netmums.com, 2012) ee ay dumarku leeyihiin waddanka Ingiriiska ayaa waxay sameeyeen baaritaan ay dumar badan ku sameeyeen, kuna weyddiinayeen inay rumeysan yihiin fikraddan dumarnimada (feminism). Toddobadii dumar ahba Lix ka mid ah waxay sheegeen inaanay aaminsaneyn fikraddaa. Boggu wuxuu xusay in hawsha ugu adag ee dumarka xilligan jooga haysataa ay tahay sidii ay dib ugu soo nooleyn lahaayeen qiimihii hooyannimada, halka 69% ay qabaan in qiimaha hooyannimada la siiyo mudnaanta koowaad.

Dumarkii Galbeedka ayaa waxay hadda jirinayaan sidii ay shaqadoodii asalka ahayd ugu noqon lahaayeen, waxayna isku raaceen aqoonyahankoodu inay luntay oo ay sii dabar go'ayso ilbaxnimadii Yurub. Dumarkii u durbaan tumayey sinnaanta ragga iyo dumarka ayaa dantu u run sheegtay, waxayna noqdeen mid is tiraahda meel aad ka noqotid ma joogtine hore isag luud, mid xal dhexdhexaad ah raadinaysa iyo mid xaqiiqda abbaartay oo haddii ay kalsooni xagga dhaqaalaha ah ay heli lahayd u gacan bannaanaan lahayd barbaarinta ubadkeeda.

6. Butaacadii kacdoonka dumarka markii ay soo gaartey dunida Islaamka dadkii dhowr qaybood ayey u kala jabeen. Qolo ay indha-sarcaadisey noloshii Galbeedka, lana dhacay noloshii taalley, gaar ahaan xaaladdii dumarka oo si cad ugu baaqay in jidkaa la raaco, dumarkuna ay guryaha ka soo baxaan. Qolo meel dhexe istaagtey, iskuna daydey inay waxuun la daliishan karo u raadiyaan ololihii dumarka. Waxay qaateen jid dhexe waxayna qiil u raadiyeen inay helaan wax dumarka lagu qanciyo si aan daadkani cagta u marin. Qoladaasu waa qoladii uu Sh. Albaani ugu yeeray "Hawa-raacyo". Dhacdooyin fara-ku-tiris ah oo Muslimiinta ka dhex dhacay, culimadii hore oo Islaamkuna aanay xukun ka qaadan ayey ummaddii daliil uga dhigeen. Sidoo kale, simbiriiraxasho shiikh ama labo ka dhacday, culimada badankoodiina ay ku diideen ayey daliil ka dhigteen. Qaar saddexaad oo u oggolaanaya inay haweeneydu baarlamaanka ama golaha shuurada geli karto ugana qiyaas qaatay markhaatiga, wanaag-faridda iyo xumo-iska-reebidda iyo fatwada, saddexdaas arrimood oo ay dumarku ka qayb qaadan karaan.

Qolo kale waxay istaageen inaan nusuusta sida ay u soo aroortay aan la baalmarin, ummaddana aan sharci looga dhigin wax laga soo guuriyey cadowga Islaamka, ama baqdin laga qabo darteed loo sameynayo ama lagu qancinayo. Wixii maamul ku lug leh, ha ahaado hoggaamin, wasiir, xildhibaan iyo wixii la mid ah waxaa Alle gaar uga dhigay ragga. Waxaan ummaddan kuweedii hore aan diin u ahayn, inaanay hadda diin noqonayn ayey gundhig ka dhigteen. Waxay qireen inay gabadhu, haddii ay oofiso shuruudihii looga baahnaa, ay fatwo bixin karto, waxyaabo badan markhaati ka geli karto, lala tashan karo haddii ay ehel u tahay. Taas kama dhalanayso in looga qiyaas qaato maamulka, culimadii horena kama qaadan, mana dhicin inay haweeney maamusho arrimaha bulshada.

7. Haddiiba la qaato hadalka oranaya inay haweeneydu baarlamaanka geli karto, iyadoo looga qiyaas qaadanayo fatwada iyo wixii la mid ah, maamulna aanay shaqo ku lahayn, shuruudaha qoladaasi dhigtay ma loo eegaa dumarka inay xildhibaan noqdaan u soo istaagaya? Shuruudahaa waxaa ka mid ah caddaalad, cilmi, aqoon inay u leedahay cidda la dooranayo iyo inaanay ka dhalaneyn waxyaabihii sharcigu xarrimay, sida isdhexgalka, safarka iwm. Arrimahaa inaan loo eegin xilliga aan joogno ayaa ka marag furaya. Iskaba daaye, dumarka arrimahaa u ololeeya, intooda badani, waa kuwo aanay raad diineed ama dhowrsanaani ka muuqan.

Waxaan la diidi karin inta badan dumarka ku jira baarlammaannada dawladaha Muslimiinta inay yihiin kuwo xataa aan buuxin karin shuruudaha ay u dhigeen qolada waxuun daliil noqon kara dumarka u raadiya. Kusii daroo, Galbeedkii fikraddaasi ka timid ee diin iyo xukun Alle aan wax ku fiirineyn ayaa cilmi ahaan waxay u ogaadeen inaan la inkiri karin kala duwanaanta ragga iyo dumarka u dhaxaysa.

Miyaaney mudneyn gabadha muslimadda ahi inay Eebbe u noqoto, garatana abuurkeeda iyo waxa Alle ugu talo-galay. Inay ogaato inay gaaladii maalinba maalinta ka dambeysa ay runta ku soo dhacayaan. Waxay ku dhowdahay inay si cad u yiraahdaan, “war baaba’naye dhaqanka aan Islaamka ka qaadanno!”

﴿سَنُرِيهِمْ ءَايَٰتِنَا فِى ٱلْءَافَاقِ وَفِىٓ أَنفُسِهِمْ حَتَّىٰ يَتَبَيَّنَ لَهُمْ أَنَّهُ
ٱلْحَقُّ ۗ أَوَلَمْ يَكْفِ بِرَبِّكَ أَنَّهُۥ عَلَىٰ كُلِّ شَىْءٍ شَهِيدٌ﴾

"Waxaanu ku tusin aayaadkanaga jahooyinka iyo Naftooda intey uga caddaato inuu Quraanku xaq yahay, miyuuna ku filleyn inuu waxkaste ogyahay."

Qur'aan Suurah Fussilaat, 41:53

TIXRAAC

Abuu Xasan Cali Bin M. Al-Maawirdiyi (2006). *Al-axkaamu Al-Suldaaniya*. Qaahira: Daarul Xadiis.

Abuu Zakariya Annawawi (2005). *Almajmuuc Sharxu Muhadab: soo saare: Raa'id Bin Sabri*. Cammaan: Baytu Al-afkaar Ad-dawliya. Baabu Ad-diya.

Abuu Zakariyaa Annawawi (1392). *Sharxu Saxiixul Muslim*. 2nd ed. Beirut: daarul Ixyaa Turaathul Carabi. Jus 8.

Abuu Zakariyaa Annawawi (1405). *Rawdatu Ad-daalibiin Wacumdatu Almuftiin*. Bayruut: Almaktabu Al-Islaamiyi.

Albahayi Al-khawli (1994). *Al-islaam Wal-mar'atu Al-mucaasara*. Kuwait: Daarul Qalam.

Alqaadi Abuu Yaclaa (2000). *Al-Axkaamu As-Suldaaniya*. 2nd ed. Bayruut: Daaru Alkutubu Alcilmiya.

Alxaaj Maxammed Wasfi (1998). *Ar-rajul Wal-mar'a Fil Islaam*. Beirut: Daaru Ibnu Xasam. 18-24.

Anne Moir and David Jessel (1992). *Brain Sex, the real difference between men and women*. Newyork: A Laurel Trade Paperback.

Axmed F Idaajaa. (2013). *Dhaqanka iyo Suugaanta: Qaybta 57aad, Qiiqii Ceelcad..* Available: https://www.voasomali.com/a/1638483.html. Last accessed 10/04/21.

Barbara Annis and John Gray (2013). *The 8 Blind Spots Between Men and Women in Business*. Newyork: Palgrave Macmillan. 23-25.

Basdaami M S. Khayr . (2006). *An-nadariyaatu Alxaakimiya fii Alfikri Al-Islaamiyi.* Available: https://www.sudaress.com/sudansite/229. Last accessed 24/02/21.

BBC, (2012). *Spatial ability*. Available: http://www.bbc.co.uk/science/humanbody/sex/articles/spatial_tests.shtml. Last accessed 10th December 2012.

BBC, (2012). *Women bishops: Church of England general synod votes agains. BBC, 21 November*. Available: http://www.bbc.co.uk/news/uk-20415689. Last accessed 11th Dec. 2012.

Cabdicasiis Bin Baaz (1419). الرسائل والفتاوي النسائية. 2nd ed. Riyaad: Daaru Alwadan.

Cabdiraxmaan Baraak. (2011). *Mushaarakatil Mar'a Fil majlisi Ash-shuuraa (Su'aalo))*. Available: http://www.jazan.org/vb/showthread.php?t=234370. Last accessed 11th Dec. 2012.

Cabdiraxmaan Cabdullaahi Baadiyowa (2017a). *The Islamic Movement in Soomalia: A Study of the Islah Movement, 1950-2000*. London: Adonis & Abbey Publishers.

Cabdiraxmaan Cabdullaahi Baadiyowa (2017b). *Recovering the Somali State: The Role of Islam, Islamism, and Transitional Justice*. London: Adonis & Abbey Publishers.

Cabdullaahi Cali Alcabdali. (2015). حكم تولي المرأة الحسبة في السوق . Available: https://ar.islamway.net/article/45533/%D8%AD%D9%83%D9%85-%D8%AA%D9%88%D9%84%D9%8A-%D8%A7%D9%84%D9%85%D8%B1%D8%A3%D8%A9-%D8%A7%D9%84%D8%AD%D8%B3%D8%A8%D8%A9-%D9%81%D9%8A-%D8%A7%D9%84%D8%B3%D9%88%D9%82. Last accessed 01/03/2021.

Cabdulmuxsin Al-Cabbaad. (2011). *Mushaarakatil Mar'a Fil majlisi Ash-shuuraa (Su'aalo))*. Available: http://www.jazan.org/vb/showthread.php?t=234370. Last accessed 11th Dec. 2012.

Cabdulqaadir Cabdille Diini (2012). *Ka joogsada qof yiri ,Laa ilaaha Illallaahu*. 2nd ed. Masar:

Cabdurraxmaan Bin Naasir As-Sacdiyi (2000). تيسير الكريم الرحمن في تفسير كلام المنان. Dimishiq: Mu'asasatu Ar-risaala.

Cadtuddiin Al-Iijiyi (1997). *Al-Mawaaqif (juska 3aad)*. Bayruut: Daaru Aljiil.

Cali Maxammed As-Salaabi (2010). *Ash-shuuraa Fil Islaam*. Qaahira: Daaru Ibnu Jawsiyi.

Colleen Leahey. (2012). *Fortune 500 Women CEOs hits a record 20*. Available: http://postcards.blogs.fortune.cnn.com/2012/07/18/fortune-500-women-ceos-2/. Last accessed 11th Dec. 2012.

David Eagleman (2015). *The Brain: The Story of You*. Newyork: Pantheon Books.

Elizabeth Cady Stanton and J. L. Spalding. (1885). Has Christianity Benefited Woman?. *The North American Review*. 140 (342), 389-410.

Faaduma Cumar nasiif (1995). *Xuquuqu Al-mar'a Wawaajibaatihaa fii daw'i Al-kitaab Wal-Sunna*. 2nd ed. Masar: Madbacatu Al-madani.

Fahad bin Sacad. (2018). عظمة الإرث في الإسلام والرد على المشككين. Available: https://www.alukah.net/sharia/0/131471/. Last accessed 15/04/2021.

Fayruus Cusmaan. (2009). *Ash-shuuraa Fil Islaam*. Available: http://www.iua.edu.sd/iua_magazine/dawaa_studies/17/17index.htm. Last accessed 11th Dec. 2012.

Golaha Culimada Azhar. (1970). لن يفلح قوم ولّو أرهم إمرأة. *Joornaalka Alcarabi*. Sebtember.

Guardian, (2012). *women's representation in politics*. Available: http://www.guardian.co.uk/news/datablog/2012/mar/07/women-representation-in-politics-worldwide. Last accessed 11th Dec. 2012.

Hans Kung (2004). *Women in Christianity*. 2nd ed. London: Continuum.

Helen E. Wieand. (1917). The Position of Women in the Late Roman Republic. Part I. *The Classical Journal*. 12 (6), 378-392.

Ibnu Kathiir Ismaaciil Bin Cumar (1999). *Tafsuuru Al-Qur'an Alkariim*. 2nd ed. Riyaad: دار طيبة للنشر والتوزيع.

Ibnu Mundir (1999). *Al-Ijmaac: Taxqiiq iyo Tifaftir: Abuu Xammaad Saqiir*. 2nd ed. Imaaraadka Carabta:

Maktabatu Al-Furqaan.

I M Lewis (1998). *Saints and Somalis. Popular Islam in a Calan-based Society*. London: HAAN Associates Publishing.

Ibnu Qudaama Almaqdasiyi (1405). *Almuqni*. Bayruut: Daaru Alfikir.

Ibnu Xajar Al-casqalaani (1379-Jus 13). *Fatxul Baari'*. Beirut: Daarul macrifa. jus 13.

------, *Fatxul Baari'*. Beirut: Daarul macrifa. jus 4.

------, *Fatxul Baari'*. Beirut: Daarul macrifa. jus 5.

------, *Fatxul Baari'*. Beirut: Daarul macrifa. Jus 8 باب تبتغي مرضاة أزواجك

------, *Fatxul Baari'*. Beirut: Daarul macrifa. jus 9.

Ibnu Xazam Ad-daahiriyi (-). المحلى. الرقمية موقع مكتبة المدينة، دار الفكر للطباعة والنشر والتوزيع. http://www.raqamiya.org.

Ibrahim As-Safyani (nd). *Xukmu Tawallii Almar'ata Al-Qadaa.* M.A Thesis. Faculty of Shari'a, Mutah University, Jordan.

Idris Falahi (2019). *The status of woman in Islaam*. Leicester: Jame'ah 'Uloomul Qur'an.

Islambl, (-). *Xukmu mushaarakati Almar'a lirajuli fii miidaani camalihi.* Available: http://www.islambl.com/vb/showthread.php?t=21086. Last accessed 11th Dec. 2012.

Jacqueline Scott and Duane F. Alwin. (1989). Gender Differences in Parental StrainParental Role or Gender Role?. *Journal of Family Issues*. 10 (4), 482-503.

John Chapman. (2011). *PSSSST...WOMEN GOSSIP FOR FIVE HOURS A DAY.* Available: http://www.express.co.uk/posts/view/265059/Psssst-women-gossip-for-five-hours-a-day. Last accessed 11th Dec. 2012.

John Gray (1992). *Men are from Mars,Women are from Venus: A Practical Guide for Improving Communication and Getting What You Want in Your Relationships*. Newyork: HarperCollins.

Karen Offen. (1998). Defining Feminism: A Comparative Historical Approach. *Journal of Women in Culture and Society*. 14 (1), 119-157.

Kazi A. Hoque, Muhammad Jalaluddin and Mohammad S. (2013). Inheritance rights of women in Islamic law : An assessment . *International Journal Eng.Lang.Lit & Translation Studies*. 2 (2), 45-58.

Khaliif Askir.(2012). Wareysi aan la yeeshay 08/12/2012, London.

Kowthar Kaamil Cali (2006). *Axkaamu Tasarufaati Al-mar'ati Fii Sharaacali Al-Islaamiya*. Qaahira: Daaru An-nahda Alcarabiya. 1-3.

Leon F. Seltzer. (2009). *The Testosterone Curse* . Available: http://www.psychologytoday.com/blog/evolution-the-self/200905/the-testosterone-curse-part-2. Last accessed 03th Nov. 2012.

Leonard Sax. (2010). Sex Differences in Hearing Implications for best practice in the classroom. *Advances in Gender and Education*. 2 (-), 13-21.

Lisa F. Barrett. (2019). `*PMS Is Not Just a Cliché* `. *Newyork Times, 8 June.* Available: https://www.nytimes.

com/2019/06/08/opinion/sunday/pms.html?fbclid=IwAR11JAkUoDJGOT6TxJWiPWJOJ39KZWX5UA8P9x6D5aYSwN6_3w-zs0Sr2T8. Last accessed 04/03/2021.

Majdiddiin Fayruus-aabaadi (2015). *Alqaamuus Almuxiid*. 4th ed. Dimishiq: Mu'asasatu Ar-risaala.

Marco Del Giudice. (2015). Gender Differences in Personality and Social Behavior. *International Encyclopedia of the Social & Behavioral Sciences*. 9 (2), 750–756.

Martha L. Blair. (2007). Sex-based differences in physiology: what should we teach in the medical curriculum?. *Advances in Physiology Education*. 31 (-), 23–25.

Mathnaa Amiin Al-Kurdistaani (2011). *Xarakaatu Taxriiru Al_Mar'a*. 2nd ed. Qaahira: Daarul Qalam Lil-nashri Watawsiic.

Mohammad A. Khan and Hidayat Ur Rehman. (2016). Polygamy in Islam: A critical Analysis . *Journal of Applied Environmental and Biological Sciences*. 6 (10), 138-141.

Maxammed Bin Axmed Alqurdubiyi. (2003). Suuratu An-namli. In: Hishaam Samiir Albukhaari الجامع لأحكام القرآن. Riyaad: دار عالم الكتب. . موقع مكتبة المدينة الرقمية

Maxammed Bin Cabdillaahi At-tabriisiyi. (1985). (Taxqiiqa Maxammed Naasuriddiin Al-albaaniyi). *Mishkaatu Al-Masaabiix*. 2nd ed. Bayruut: Maktabatu Al-Islaamiyi.

Maxammed Bin Cali Ashawkaaniyi. (1993). *Naylu Alawdaar*. Baabu Manci biwalaayati Almara'. In: Cisaamuddiin As-sabaabdiyi. Qaahira: Daaru Alxadiith. jus 8.

Maxammed Bin Cutheymiin (1989). من الاحكام الفقهية في الفتاوى النسائية. Riyaad: King Fahad National Library.

Maxammed Cali Farkuus. (2004). *Fii xukmi mushaaraakatil Mar'a Siyaasiyan.* Available: http://www.ferkous.com/site/rep/Bj10.php. Last accessed 15th Nov. 2012.

Maxammed Mukhtaar Ash-Shinqiidiyi. (2001). *Sharxu Zaadu Almustaqnac.* Available: https://ar.islamway.net/collection/919/%D8%B4%D8%B1%D8%AD-%D8%B2%D8%A7%D8%AF-%D8%A7%D9%84%D9%85%D8%B3%D8%AA%D9%82%D9%86%D8%B9. Last accessed 25/02/21.

Maxammed Naasiruddiin Al-Albaaniyi (1985). Irwaa'ul Ghaliil. 2th. ed. -: Almaktabatu Al-islaamiyi.

Maxammed Naasiruddiin Al-Albaaniyi (2011). *Xukmu tashriicil Mar'a Fil Majaalisil Siyaasiyah.* Available: http://www.youtube.com/watch?v=tTLg6-S2hIs. Last accessed 11th Dec. 2012.

Maxammed Naasiruddiin Al-albaniyi (1405). *Qhaayatul Maraam fii takhriijil axaadiithil xaraam walxaaraam.* 3rd ed. Beirut: Al-maktabul Islaamiyi. 144.

Maxammed Rashiid Ridaa (1994). *Al-Khilaafa.* Qaahira: Azahraa lil-iclaami Al-Carabiyi.

Mohammed S. A. Al-Shamrani (2013). *An Empirical Study of Male and Female Leadership Styles in a Segregated Work Environment in the Kingdom of Saudi Arabia (KSA).* Phd Thesis. The University of Hull, UK.

Maxammed Saciid Al-Buudiyi (1996). *Al-Mar'atu Bayna Dughyaani AN-nidaam Al-qarbiyi Waladaa'ifi At-Tashriici*

Ar-rabbaaniyi. Dimishiq: Daaru Al-fikri.

Maxammuud M. Cabdi (1412). *Quraanka Kariimka iyo Tarjamada macnihiisa ee Afka Soomaaliga*. Madiina Almunawara: Mujammacu Khaadimul Xarameyn Ash-shariifeyn Lidabaacatil Musxaf.

Maxammuud Shibli. (2018). *Minhaaju Ad-Daalibiin.(cajalka 8aad)*. Available: https://www.youtube.com/watch?v=WwW9wwUrgrU&list=PLh7YToAWhSxSD20TXuzsD8nUDG3ePmyFt. Last accessed 04/03/2021.

Maxammed Xasan Walad-daddoow. (2018). *Alxikmatu Min Almiiraathi fii Al-Islaam*. Available: https://www.youtube.com/watch?v=ulN_NTwOaLE&list=RDCMUCQ6z3sEhiDuAYE3ajQ-Ag2Q&start_radio=1&t=142s. Last accessed 15/04/2021.

Michele Alexandre. (2007). Lessons from Islamic Polygamy: A Case for Expanding the American Concept of Surviving Spouse So As to Include De Facto Polygamous Spouses. *Washington and Lee Law Review*. 64 (4), 1461-1481.

Mojgan Zendehdel and Forouzan Elyasi. (2018). Biopsychosocial etiology of premenstrual syndrome: A narrative review. *Journal of Family Medicine and Primary Care*. 7 (2), 346–356.

Mustafa Sibaaci (2003). *Al-mar'atu baynal fiqhi wal-qaanuun*. Qaahira: Daaru salaam.

Netmums, (2012). *We surveyed over 1,300 women*. Available: http://www.netmums.com/home/feminism.. Last accessed 11th Dec. 2012.

Nuuraddiin Catar (2003). *Maadaa Canil Mar'a*. Beirut: Alyamaama Lidabaaca Wan-nashri Wat-tawsiic.

Rahmin T. Husain, Arifuddin Ahmad, Siti Aisyah Kara and Zulfahmi Alwi. (2019). POLYGAMY IN THE PERSPECTIVE OF HADITH: Justice and Equality among Wives in a Polygamy Practice. *MADANIA Journal.* 23 (1), 93-104.

Rajiva Ranjan. (2019). Understanding Feminsm. *International Journal Eng.Lang.Lit & Translation Studies.* 6 (4), 119-122.

Saamir Saqaa (2012). *Asraarun fii Xayaati Ar-rajuli Wa Alqhaasun fii Xayaati Almar'a.* Dimishiq: Baytul Xikma Lidabaacati Wan-nashri Wat-tawsiic

Sacdaddiin Hilaaliyi (2010). *Athalaathuuna dii Al-qadaayaa Al-fiqhiya Al-mucaasara.* Qaahira: Maktabatu Wahba.

Salaax As-Saawi (2011). *Fataawaa Siyaasa Ash-Sharciya.* Qaahira: Al-Jaziira Lidabaacati Watajliid.

Shamsuddiin Ad-Dahabi (2006). *Siyaru Aclaamu An-Nubalaa.* Qaahira: Daaru Alxadiith. Jus 3.

Smyth E. (2007). Gender and Education. In: Teese R., Lamb S., Duru-Bellat M., Helme S. (eds) International Studies in Educational Inequality, Theory and Policy. Springer, Dordrecht. https://doi.org/10.1007/978-1-4020-5916-2_6

Tracy McVeigh(2009). `*Ending the silence on 'honour killing'. The Guardian,* 25 October. Available: http://www.guardian.co.uk/society/2009/oct/25/honour-killings-victims-domestic-violence. Last accessed 25th Sep. 2012.

Tuck C Ngun, Negar Ghahramani, Francisco J. Sánchez, Sven

Bocklandt, and Eric Vilain. (2011). The Genetics of Sex Differences in Brain and Behavior. *Front Neuroendocrinol.* 32 (2), 227–246.

United Nations Department of Public Information. (2009). *Convention on the Elimination of All Forms of Discrimination against Women.* Available: http://www.un.org/womenwatch/daw/cedaw/history.htm. Last accessed 27 Aug 2012.

vb/showthread.php?t=234370. Last accessed 11th Dec. 2012.

Xin J, Zhang Y, Tang Y and Yang Y. (2019). Brain Differences Between Men and Women: Evidence From Deep Learning. *Frontiers in Neuroscience.* 13 (185), 1-10.

Yasmine Salam. (2021). *Police officer charged in kidnapping, murder of Sarah Everard in case that gripped U.K. NBC, 13 March.* Available: https://www.nbcnews.com/news/world/police-officer-charged-kidnap-murder-sarah-everard-case-gripped-u-n1261010. Last accessed 31/03/21.

Zeenat F. Zaidi. (2010). Gender Differences in Human Brain: A Review. *The Open Anatomy Journal.* 2 (-), 37-55.

www.ingramcontent.com/pod-product-compliance
Lightning Source LLC
Chambersburg PA
CBHW010329030426
42337CB00025B/4874

* 9 7 8 1 9 1 2 4 1 1 2 7 6 *